I wünsch dir
s CHRISCHTKENDLE
ens Herz

I wünsch dir s CHRISCHTKENDLE ens Herz

Ein schwäbischer
Weihnachtsgruß,
zusammengestellt
von Edi Graf und
Bernhard Bitterwolf

Mit Zeichnungen
von Uli Gleis

Silberburg-Verlag

Edi Graf, Jahrgang 1962, und **Bernhard Bitterwolf,** geboren 1958, stammen beide aus Friedrichshafen, waschechte »Seehasen« also. Bitterwolf lebt heute in Haisterkirch bei Bad Waldsee, während es Graf ins Neckartal nach Rottenburg verschlagen hat. Bei zahlreichen gemeinsamen musikalischen Lesungen unter dem Motto »Weihnachda auf Schwäbisch« entstand die Idee zu dieser neuen Sammlung. Kein Wunder, kümmern sich doch beide Autoren mit viel Engagement um »ihre« schwäbische Mundart.

1. Auflage 2016

Umschlaggestaltung und Illustration:
Uli Gleis, Tübingen.
Druck: CPI books, Leck.
Printed in Germany.

ISBN 978-3-8425-1473-7

Inhalt

Mir saget ui a da liabe Advent

S Chrischtkendle ens Herz

Scheene Weihnachd ällerseits

Auf, auf, ihr Hirta und tremslat it lang

Liachtmess, bei Dag ess

Mir wünschet s Chrischtkendle ens Herz

Vorwörtle
vom Bernhard Bitterwolf
ond em Edi Graf

Grad en dr Zeit vor Weihnachda hond d Leit offene Herza für Musigg ond ao fürs Wort. Des hont it bloß mir zwoi festgstellt, sondern vor uns boide scho viele andere Mundartschaffer. Deswega gibts ao en Haufa ganz bsonders scheene Gedicht, Erzählunga ond Lieadr zum Advent, zum Fescht ond zum Johreswechsel. Auf Schwäbisch lasset sich menschliche Gfühl oifach guad beschreiba. Drum hond mir boide mit großer Freid em Schatzkischtle mit alte ond nuie Text kruschtlet. Ond mir sind fündig worra! Etz kennet mir all dene, wo selber gern leaset, ond ao dene, wo gern andre was vorleaset, a ganz außergwöhnliche Sammlung mit unsere Lieblingstext rund um dia scheenst Zeit em Johr überlassa. Dia Idee für da Titel von dem Büachle hot ibrigens dr Edi ghet:

Wo i vom Bodasee an dr Necker zoga bin – so vor über dreißig Johr – ond z Raoadaburg gwohnt han, bin i an Weihnachda – s war en wonderscheena Wenderdag – s erschte Mol ens Weggadal gloffa ond han mir s Weggetaler Kripple aguggd, wo e vom Sebastian Blau kennt ghet han.
Ond wo e so vor dem Kripple gschtanda bin ond zuaguggd han, wia d Kender em »Niggnegerle« – wia mr zu dem Figürle von alters her ohne baise Absicht gsait hot – Geld neigschmissa hen, isch zmol en Pater nebam Kripple gschtanda ond hot »Vergelt's Gott!« gsait.
Er hot me beobachtet ond gmerkt, wia mi des Kripple ergriffa hot.
Wo i no ganga bin, han i ehm »Scheene Weihnachda« gwünscht ond er hot gsait: »En Raodaburg wünscht mr sich an Weihnachda s Chrischtkendle ens Herz.«

Viele Johr später han i en alde Freind aus Raodaburg troffa. S war kurz vor Weihnachda bei ra Krippaausschtellong en dr Zehntscheier. Wo i ganga bin, han i zua nem gsait: »I wünsch dir s Chrischtkendle ens Herz!« »Woher kennsch du den alda Spruch?«, hot er me gfrogt. Seine Auga hend gleichdet, ond obwohl er glacht hot, isch em a Trän über da Bagga gloffa …

Des isch jo typisch für uns Schwoba: In uns drin schteckt a große Portio Melancholie, aber gleichzeitig au a ghörige Portio Lebensfreid! Xond an Leib und Seele bisch, wenn du boides verbinda kasch. Drum kasch beim Blättra in dem Büachle mol lacha, mol blära, mol nochdenklich gucka, mol schmunzla, vielleicht ao mol dr Kopf schüttla ond bloß stauna.
Mir zwoi hond auf jeden Fall gern gsuacht ond gfunda, gern sinniert ond philosophiert, gern gleasa ond no viel lieber selber dichtet ond gschrieba.

Mr braucht sich ibrigens et wondra, dass en dem Büachle s gleiche Wort oft onderschiedlich gschrieba isch. So hoißts oimol »s schneit«, a anders Mol »es schneielet« ond a dritts Mol »es schnaibalat«. Des liegt oifach an de onderschiedliche Dialektfarba en onserm scheena, bunta Schwäbisch, vom Allgäu ieber d Alb bis na an da Necker ond nom en da Schwaazwald.
Ond so wünschet mir zwoi ui ond eich jetzt viel Spaß beim Leasa ond Vortrage ond vor allem: »s Chrischtkendle ens Herz!«

Haisterkirch ond Wurmlingen, em Sommer 2016
Bernhard Bitterwolf und Edi Graf

… und los gohts glei mit ma anonyma Gedichtle, wo ons d Cilly Sontheimer aus Schnetzahausa bei ma Winterspaziergang em Laternsertal gsagt hot:

Es schneit, es schneit, dass Fetza geit,
No ischs Chrischtkend nemme weit …

Es schnaibalat

November

Sebastian Blau

Descht a nasskalts Sudelwetter!
Vo de Bööm wehts dürre Blätter,
Ond dr Hemmel, katzegro,
Hanget wia nass Lei'tuach do.

Haörsch de Luft oms Hauseck feaga,
Siehst dean feine Schnürlesreaga?
D Wetterfah grillt uf em Dach,
Ond dr Kehner lauft wia Bach.

Descht e Musek zom senniere:
Schao November ... s wuud bald gfriere,
Noh konnt Weihnächt, noh hots bald ...
D Zeit vergoht, so wuud ma-n-alt.

Ond ma doßet neabem Ofe,
Ond ma gucket ganz verschlofe,
Wia dr Rauch zur Pfeif naus zuht
Ond wias dusse Obed wuud ...

Ein schwäbisches Weihnachtsbuch, das den Rottenburger Weihnachtsgruß »I wünsch dir s Chrischtkendle ens Herz« im Titel trägt, beginnt natürlich mit einem Gedicht von **Sebastian Blau**. In seinem »November« – erschienen 1947 in der Gedichtsammlung »Johraus, johrei« in seinem Buch »Die Schwäbischen Gedichte des Sebastian Blau« – greift er erstmals in seinen Monatsgedichten das Thema »Weihnacht« auf. Sein Kollege aus Tübingen, Fritz Holder, nannte ihn den »Meister aller Mundartdichter«. Der *Kehner* ist übrigens die Dachrinne.

Es schnaibalat

Arthur Maximilian Miller

Es schnaibalat, es schnaibalat,
Ma sieht es kaum, so fei.
Wia danzet doch dia Feaderla
So leicht ins Duschter nei.

Wie wenn dr Obed vor em Haus
A bissle gsponna hätt
Ond hupfet eam d Gedanka raus,
So leicht, so oiga nett.

Jo, jo es ischt a bsondre Zeit,
Wenn s Licht so friah verlischt,
Wenn eis dr Schneea sei Helle geit
Ond eiser Lampa ischt.

»Schnaibala« oder »schneiela« kennen wir aus mehreren schwäbischen Liedern, nicht zuletzt auch aus der Volksweise »Es schneielet, es beielet«, die in diesem Buch in Bernhard Bitterwolfs Geschichte von den Alblinsen auftaucht. Das Lied »Es schnaibalat« hat Edi Graf auf einer CD der Ratzenrieder Stubenmusik entdeckt, die Verse des Allgäuer Schriftstellers **Arthur Maximilian Miller** fand er mithilfe des Musik- und Heimatforschers Berthold Büchele aus Ratzenried. Noten und Text wurden 1977 im schwäbischen Liederbuch »Singet Leut« veröffentlicht.

Draußa em Wald

Volksweise aus Schwaben

Draußa em Wald
Hots a klois Schneele gschneit,
Drom isch so kalt,
Draußa em Wald.

Sommerzeug hin,
Sommerzeug her,
I kauf meiner Lebdag
Koi Sommerzeug mehr!

Mi frierts an d Händ,
Weil i koine Händschich hao,
Mi frierts an d Händ
Ond an d Fiaß ao.

D Sonna isch do,
Gugg, wia mei Kindle lacht,
D Sonna isch do,
Jetzt semmer froh!

Diese alte schwäbische Volksweise wird auch heute noch gesungen, wobei »Sommerzeug hin ...« der Refrain ist. 1929 erschien das Lied in der Sammlung »Württembergische Volkslieder«.

Sommer ade

Hugo Breitschmid

Grad wars no Sommer, so warm ond so hell.
Jetzt, zu meim Kommer, dr Wenter kommt schnell.

Geschtern no gschwomma ond glachet em See,
Dr Neabel hot gnomma da See ond no meh.

Erscht geschtern no lau ond wohlig der Wend,
Heut isch r schau vom Wenter a Kend.

D Schwalba so leicht ond froh om oin rom,
Jetzt kalt ond feicht ond d Vögala stomm.

Onder dr Lauba beim Feierobedwei,
Ma hot wella glauba, s miasst allweil so sei.

D Kälte isch komma, dia Bäum werdet kahl,
Des Laub liegt bald honna, s isch Wenter em Tal.

Gugg doch em Wald det da Tannabaum a,
Gugg, wia der greanet, weil er Weihnachta ma.

Em Chrischtkendle senget seine Zweigle a Liad
Ond Schneeflöckla brenget a Pracht, wia wenn s blüaht.

Als Bauerndichter bezeichnet er sich selber, und das aus zweierlei Gründen: **Hugo Breitschmid** aus Dürnau am Fuße des heiligen Berges von Oberschwaben, dem Bussen, ist zum einen Landwirt mit Leib und Seele und zum anderen kreisen seine Texte um das bäuerliche Leben, um die Schönheiten der heimischen Landschaft, aber auch um die typischen Verhaltensmerkmale seiner Zeitgenossen.

Winterspaziergang

Petra Zwerenz

Eiszapfa
Vo dr Dachrinn brecha
Ond en dr Ha'd
Vrlaufa lao.

Wenn d' Alb weiß ischt
En glasiche Drecklache neidabba,
Aufs Eis horcha,
Wenn's sprengt.

Alloi
Gega da Schneewind laufa,
Flocka fanga
Mit dr Zong.

Mit de Fengr
Vo de Zweigla
Da Raureifa
Stroifa.

Ond mittla drenna
So a Gfühl,
Als hätt ma solla fir da Sommer
No an Vorrat sammla ...

Petra Zwerenz wurde in Reutlingen geboren und wuchs in Metzingen auf. Seit 1983 veröffentlichte sie als Mundartautorin zahlreiche Bücher und Beiträge.

Dr Schnailuft

Richard Stöckle

Jetzt konnt r
Da Saubühl ra,
Dr Schnailuft,
Ond huiglet ond wehet
Durs Ort.

Mr sieht bigott
Nemme zom Nochber nom.

D Mistene staod do
Wia d Schnaiberg.
D Arbeit isch zuadeckt
Ond dr Gruscht
Henterm Schopf ao.

Gottlob,
Jetzt braucht ma wenigstens
Nemme ufroma.

Richard Stöckle zählt zu den bekanntesten Mundarthörspiel-Autoren der »Schwäbischen Stunde«. Die beliebte Reihe des damaligen Südwestfunks brachte wöchentlich sonntags zur Mittagszeit Hörspiele in schwäbischer Mundart, mit so beliebten Schauspielern wie Walter Schultheiß, Trudel Wulle, Willy Seiler, Ruth Mönch und Oscar Müller. Die Weihnachtsgedichte in dieser Sammlung stammen aus seinem Buch »Om Weihnachta rom«.

Dr Wenter

Hilde Schill

»Hait schmeckts noch Schnai«, sait d Ahna,
»Jetzt daurats nemme lang,
No mu ma äll Däg bahne,
De ganze Stroßa lang!«

»Hui«, schreit dr kleine Hänsle,
»No holl i meine Schi
Ond fahr am Hölllochbuggl
Mit der Annemarie!«

Dr Ähne, der macht Recha,
Dr Vadder goht ens Holz
Ond d Muader, dui richt s Metzga,
Des ischt ihr ganzer Stolz.

Vo ehner aus kas schneia,
Se hätt gnuag Gschäft em Haus,
Solang es duss koin Schnai hot
Mu ma halt äll Dag naus.

Doch schao am andra Morga
Isch dussa älles weiß,
D Frau Holle schüttlet d Better
Mit oheimlichem Fleiß.

S hairt gar et uf mit schneia,
S hot dussa ganze Berg
Ond d Beem ens Nochbers Garda,
Dia sehat aus wia d Zwerg.

Dr Schnaipflug kommt kaum noche,
Dia Stroßa, dia send zua
Dia Auto bleibet stecka
Ond aus ischs mit der Ruah.

Jetzt mu ma z aischta bahne,
Sonscht ka ma et vors Haus,
So ischs bei eis em Wenter
Bloß macht eis des nix aus!

Hilde Schill aus Römerstein-Zainingen wurde 1921 in Gruorn geboren. 1980 erschien ihr erstes Mundartbuch. »In diesen kleinen Geschichten und Gedichten möchte ich einen Teil der schwäbischen Mundart festhalten, so wie sie bei uns von der älteren Generation noch gesprochen wird«, schrieb Hilde Schill im Vorwort zu »'s Schatzkämmerle«, aus dem dieses Gedicht stammt.

Dr Augablick

Franz Wohlfahrt

Ganz luschtige Fetzala
Danzet heit vom Himmel
Durchanand,
Überanand,
Inanand,
Hand in Hand.

Mittanei
Schtand i,
Ganz broit,
Mit offane Händ,
Wart auf en Gruaß.
Guck nauf,
Immr höher,
Bis i alles
Aus de Auga verlier.

Ond grad
Wia so a Fetzele
Auf mei Nas na hocket,
Mi kitzelet
Ond als Tröpfle
Mein Hals na lauft,
Sieh i en Himml.

Der Lehrer **Franz Wohlfahrt** leitet in Einhart bei Ostrach das Seminarhaus »Haus Wohlfahrt – forum einfach leben«. Als Autor, Liedermacher und Musiker ist er vor allem für seine schwäbisch-philosophischen und witzigen Texte bekannt.

Über Nacht

Doris Oswald

Jerem, denke ond guck naus,
Dr ganz Garta vor em Haus,
D Schtroßa, d Boscha, d Bäum ond d Hecka
Dent sich ondrem Schnee verschtecka.

S Nochbers schauflet scho wia bsessa,
S Weib davo schreit: »Et vergessa,
Schtreu mr fei ao gherich Salz,
Sonscht bricht oiner noh da Hals!«

Schad, denk e, de ganze Pracht,
Wo s hot gschnia über Nacht,
Dui feget dia zwoi jetzt auf d Seit,
Wo s heuer doch so wenig schneit.

Ond dr Rälling schleicht verdriaßlich,
Schtellt da Schwanz ond goht doch schliaßlich,
Henderlässt jetzt, oh wia schee,
Katzadäpperla em Schnee …

Doris Oswald ist ihrer Heimatstadt Metzingen treu geblieben. Ab 1958 hat sie Lyrik veröffentlicht – zunächst in Schriftdeutsch – ab 1970 mehrere Kinderbücher, und seit 1990 schreibt sie schwäbische Gedichte und Geschichten. 2002 erhielt sie den Sebastian-Blau-Preis. *Rälling* ist der Kater.

I mag Schnee!

Ausm Tagebuach voma Schneefreund

Anonym,
schwäbisch von Bernhard Bitterwolf

1. **Dezember.** Gott sei Dank! Des wär gschafft! Heit send mir ins neue Haus eizoga. Raus aus dem Neabel am Bodasee, nauf auf d Schwäbisch Alb in d Sonna! Etz ka dr Winter mit ganz viel Schnee komma! I mag Schnee!
2. **Dezember.** Und scho fangts a schneia! Scheene große Schneeflocka fallet vom Himmel. Des sieht toll aus! De ganz Landschaft isch mit Schnee bedeckt. Mir isches no viel z wenig.
3. **Dezember.** Mir hont ganz arg nette Nochbr. Mit em Helmut, meim Nochbr von dr Kloseita, hon i heit lang gschwätzt. Er moint, es käm no viel meh Schnee. I frei me drauf!
4. **Dezember.** Leider hots heit Plusgrad. Dr Schnee schmilzt. Des isch so schad! Dr Helmut moint, i soll mi it ärgra, es käm no meh Schnee. Meh als mir lieab wär. Des ka it sei. I frei mi auf weiße Weihnachda!
5. **Dezember.** S schneiet! War im Suprmarkt. Hon mir a Schneeschaufel kauft. Etz gohts los! Schneeschaufla isch a guads Training und macht richtig warm. I frei mi!
6. **Dezember.** En knappa halba Meter Schnee hots über Nacht gschneit. Alles glitzret, alles funklet. Dr Helmut verzählt von harte Winter in de letschde Johr. Sei Begeisterung über d Neuschnee isch bloß halba so groß wia meine.
7. **Dezember.** Mein Daimler hon i heit gega en Allrad-Skoda eidauscht. Beim Eisteiga ins Auto bin i ausgrutscht und auf mein Hintra gfalla. Hot sakrisch weh dua! Mei Frau hot me ausglacht.
8. **Dezember.** Heit Nacht hots scho wieder gschneiet. Übr en Meter von dera Pracht flagget im Hof. I muaß schaufla wia en Blöda! Kaum

hon i mei Eifahrt freigschauflet, kommt der kommunale Schneeräumdienst. Der Schneepfluag schiebt alles wiedr zua. So en Depp!

9. Dezember. Und no meh Schnee über Nacht! Wo der bloß herkommt? Etz hon i meinra Frau als vorweggnommenes Weihnachdsgeschenk was Fantastisches bsorgt: a zwoite Schneeschaufel. Ihra machts Schneeschaufla leider koin so en Spaß wia mir. Se bruddlet und maulet. Se moint, am Bodasee seis au im Winter schee. Vielleicht hot se jo Recht?!

10. Dezember. Sisch brudal kalt! Minus 20 Grad! Schneeschaufla macht warm. Scho wieder Ärger mit em Schneepflug. Kaum bin i fertig, schiebt er alles wieder zua. Absicht?

11. Dezember. Vorsichtshalber hon i mol dr ganz Kühlschrank mit Fressalia gfüllt. Sieba Kästa Bier auf Vorrat hon i au kauft. Ma woiß jo nia ... Mei Frau moint, i soll den alta Holzofa in dr Kucha in Betrieb nemma, falls dr Strom ausfallt. Stromausfall! So en Blödsinn, mir sind doch auf dr zivilisierta, hochtechnisierta Schwäbische Alb drhoim und it im Badische!

12. Dezember. Stromausfall! Uns frierts! Gott sei Dank find i no a Beig Holz em Schopf vom Vorbesitzer. Dr ganz Tag hon i gschauflet. Ohne Strom gibts au koi Fernseha. Bei Kerzalicht hocket mir in dr Kuche und gucket uns a. Mei Frau sieht ganz schee alt aus. Seit wann hot se denn dia Runzla und des Doppelkinn?

13. Dezember. Dr Helmut hot a dieselbetriebene Schneefräs. Der hot leicht lacha! Dia 30 Zentimeter Neuschnee schafft dia Fräs ruckzuck. Ausleiha goht it. Er braucht sei Fräs dr ganze Dag selber, sagt er. Vielleicht doch koin so en netter Nochbr?!

14. Dezember. Immer no koin Strom. Mei Frau wird von Tag zu Tag narreter. Drei Pullover übereinander wärmet se. Mei Frau sieht ganz schee dick aus! Hon versucht, a Schneefräs zum kaufa. Alle ausverkauft. Erst im April kommet wieder welche rei, sagt der Fachverkäufer. Der will mi bloß ärgra!

15. Dezember. Neuschnee! Alle Kinder im Dorf freiet sich. Aber kois von dene Goofa will mir beim Schneeschaufla helfa. Schlittafahra sei schöner! Mir hond wiedr Strom. Mei Frau gucket mi so komisch von dr Seita a. I dät gar nemma mit ihra schwätza, moint se. Koi Zeit, muaß Schnee schaufla!

16. Dezember. S schneiet! Dr kommunale Scheepflugfahrer hots auf mi abgseah! Immr wenn i unser Eifahrt freigschauflet hon, kommt der mit Karacho d Stroß runter und schiebt mir alles wieder aufs Grundstück. I glaub, der stoht hinter dr nächsta Stroßakreizung und wartet bloß drauf, dass i fertig bin. Den knöpf i mir vor!

17. Dezember. Mit meim alta Schrotgwehr schtand i im Hausgang und wart auf dr Schneepflug. Obwohl s schneiet, kommt er heit it. Mei Frau moint, i häb nemme alle Tassa im Schrank. Selber!

18. Dezember. Saukalt isch. Dr Spaß beim Schneeschaufla losst merklich noch. Mir dont alle Knocha weh. Dr Helmut lachet. So seis halt auf dr Alb! Schwätzer!

19. Dezember. Der Schneepflugfahrer schtoht mit ma Kässle vor der Haustür. Er sammlet für a Dorfkinderwinterfreizeit. I hon ihm mei Schneeschaufel auf dr Grend gschlaga. Etz isch er beleidigt. Selber schuld!

20. Dezember. Weils so kalt isch, zieah i mi warm a. A lange Unterhos, Trainingshos und drüber a Schneehos; zwoi Pullover und gfütterte Gummistiefel. Kaum bin i azoga, sott i biesela. Langsam nervt der Schnee!

21. Dezember. Wiedr schneiets. Dr Helmut schwätzt nemme mit mir, seit i versucht hon, sei Schneefräs zum klaua. Komischer Typ. Älbler!

22. Dezember. Mei Frau isch auszoga. Sie will d Scheidung und unbedingt wiedr zrück an dr Bodasee. I hätt gar koi Zeit me für sia. Koi Wunder, i muaß jo au Schnee schaufla! Neuschnee isch agsagt!

23. Dezember. Des Johr brauch i also koi Weihnachtsgschenk für mei Frau. I käm au nemme raus aus meiner Eifahrt, weil dr Schneepflug en riesagroßa Schneehaufa vor meim Haus abglagert hot. Wenn i den Fahrer verwisch ...

24. Dezember. Schnee, Schnee, Schnee. Alle Wasserleitunga sind eigfrora. I gib auf, hol a Flascha Schnaps ausm Kühlschrank und mach a Feuer im Holzofa. Schnaps – Holz in Ofa, Schnaps – Holz in Ofa. Eigschlofa! Scheints hot mei Haus brennt. Mir wars schee warm. D Feuerwehr hot mi grettet.

25. Dezember. Des Bett, in dem i lieg, isch woich und warm. Des Zimmer isch schneeweiß gstricha. I mag dia schneeweiß Farb it!

26. Dezember. Ganz plötzlich hon i ganz viele neue Freund. Alle sind se weiß azoga. De moischde hond sogar en Doktortitel. Se nennet sich Psychiater, Psychologa oder Psychotherapeuta.

Zum Essa gibts viele farbige Tabletta. Dia schmeckat it schleacht. Dia Zwangsjacke isch agnehm warm!

Im weltweiten Netz finden sich zahlreiche Texte rund um die Weihnachtszeit. Die Idee zu dieser Geschichte hat **Bernhard Bitterwolf** dort gefunden, sie in unserer Heimat verortet, etwas ausgebaut, unserer Mentalität angepasst und natürlich in Mundart gefasst.

Koin reachta Winter

Hermann Rehm

Es rieslet it leise vom Himmel dr Schnee,
Still ond starr leit koin gotziga See.
Es glänzt au it weihnachdlich dussa dr Wald,
S hot fuchzeha Grad Wärme – ond s Christkend kommt bald!

S ischt vill z warm, oh jemineh,
De Wintersportler duat des weh,
D Kanona machet so koin Schnee,
Koin Schilift liftet d Leit en d Höh.

Es kommet koine Gäschte meh
Aus Germany ond Übersee
Ond mietet jedes Dachjuchee
Ond trinket Bier ond Jägertee.

Au fehlet d VIPs ond d Hotwolee
Es hilf koi Jodla, koi Duljöh,
Do hoißts noch bald: Profit ade,
Mir hond koin reachta Winter meh!

Hermann Rehm aus Dürmentingen kam durch die Fasnacht zum Reimen und hat seine schwäbischen Texte und Verse (»Gerehmtes und Ungerehmtes«) in mehreren Büchern veröffentlicht. 2008 erschien im Eigenverlag sein letztes Buch »Jetz do guck na. Heitere Verse von Land und Leit und unserer Zeit«. Hermann Rehm starb 2013. Ein Schulkamerad und Freund des Dichters überreichte uns ein Exemplar seines letzten Werkes. Gerne haben wir daraus dieses Gedicht (Originaltitel: »Dezember 2006«) übernommen.

Streusalz

Lore Fischer

Gucket naus, wia n es schneilet!
Wenn ihr eich beeilet,
No ischs fir eich Kender
A klois Weile Wender.
Aber nutzet noh d Zeit,
Eh dr Salzwaga schtreut
Ond oms Nomgucka macht
Aus der schneeweißa Pracht
A Mordssauerei.
Glei isch älles vorbei.

Ond d Schtroß liegt voll Matsch.
No dabbscht durch den Batsch,
Ond kommt durch den Dreck
Grad a Auto oms Eck,
No bischt jedafalls
Verschpritzt bis zom Hals.

S ganz Grea an de Ränder
Goht ei jeden Wender
Ond s wird uff dr Gass
Oim versalza dr Schpass.
Ja derfs denn zom Guggugg nei
Et amol richtig Wender sei?

Lore Fischer wurde 1934 in Tübingen geboren und lebte in Rosenfeld. »Land ond Leut quer durch's Johr« nannte sie ihre Alltagsbeobachtungen, die sie in ihrem Buch »Von Adam ond Eva bis zu de Schwoba« veröffentlichte. Die Heimatdichterin starb 1983.

D Schleifete

Richard Stöckle

Vom Kauflada bis na zur Schuel
Hao mr a Schleifete!
Dreimol drillets oin,
Bis ma donna isch.

Ond no wäschts oin nei
Ens Schnaerueder,
Dass ma drüber nomburzlet,
Grad auf da Schuelhof.

Dr Lehrer gucket zue
Ond machet Auga,
Sonst kan'r älles
Aber schleifa, des kann'r halt it!

Dr Schnailuft döberet ums Haus

Bruno Gern

Dr Schnailuft döberet ums Haus,
Spinnt seine weiße Fäda,
Staubt seine Wolkatüecher aus
Und nottlet an de Läda.
Da ganze Obed pfeift r schao
Sein Dudelsack und bloset
Und danzet um da Gaatazao
Drzwischet nei und loset –
Und duuderet durs Täle rauf
Und aosget dur dia Fohra,
Duet do an Schnauf und det an Schnauf
Und nimmt da Wald bei n Hoora.
Und duet, als het r grausig z deand
Mit seina wüaschta Krappa,
Hurniglet mit seim weißa Gwand
Und pfludret übers Obedland
A woiche Winterkappa.

Unter dem Titel »Des lass dr gsait sei!« veröffentlichte **Bruno Gern** 1981 »Mundartgedichte aus dem Zollernland«. Seine Sprache ist die der Bauern aus dem Schmeiental, war er doch selbst der Sohn eines Storzinger Kleinbauern, und so müssen wir sicher einige der bildhaften und ursprünglichen Wörter seiner »Bauernsprache« – wie er sein Schwäbisch selbst nannte – erklären: Wenn dr Schnailuft *nottlet, duuderet, aosget* und *hurniglet*, dann rüttelt, summt, ächzt und graupelt er, und kommt als wildes Schneegestöber daher.

Stille Zeit

August Lämmle

Ond so isch bei de Baure:
Em Wenter ist dr Bode zue,
Etz hot dr Bauer au sei' Rueh,
Etz ka'ners reacht wohl daure.

R hockt am warmen Ofe,
Do übersteht e Schnaee ond Eis,
Do bäht'rn aus, sein Reissmatheis,
Ond tuet uf Vorrot schlofe.

R bästlet zom Vrgnüege,
Flickt Gschirr ond Körb zom Zeitvertreib,
Bend Bease oder spüelt em Weib
Ond tuet s klei Hänsle wiege.

Beim Esse brauchts koi Hudle:
Oan Tag kocht d Bäure Speck ond Kraut,
Den andre Kraut ond Speck – des haut! –
Am Freitichs Schnitz ond Nudle.

Mr tuet au brav eischenke:
Em Kear leit e Fass Biremoost,
Dear hebt et lang – mr hot zom Troost
Etz wohl dr Weil zom Trenke.

Mittagnets en dr Schuire
Send iebott d Nochber beienand,
Se schwätzet oder machet Band
Ond hents vo ihre Stuire.

Em Obneds gohts so weiter:
Was Weibsleut send, spennt no e Stück
Ond d Männer rauchet sich en Rick,
Bloo Lea ond Schwarze Reiter.

Ja, so isch bei de Baure:
Em Wenter ist dr Bode zue,
Do hot dr Herr ond Kneacht sei' Rueh,
Mr braucht se net bedaure.

Dieses Gedicht des Ludwigsburger Mundartdichters und Volkskundlers **August Lämmle** (1876–1962) stammt aus dem Jahr 1914 und wurde in der Schreibweise übernommen, wie er es in seinem Buch »Sonnestrauß« 1926 veröffentlicht hatte.

Em Dezember

Wendelin Überzwerch

Em Dezember – lahm ond kromm,
Nottlat s Johr bloß no so rom.
Aber eh s no voll verlischt,
Zoigts, dass doch no Moischter ischt:
Kalt dr Luft ond rauh dr Wend –
Ohne Händschich frierscht an d Händ.
D Stroßa send vom Schnee verweht,
Ällbott kommt dr Poscht-Bus zspät!

Jo, jetzt wenterats halt fescht,
S Ofa-Plätzle ischt scho s bescht.
Wenn da Pech hoscht, friert dr dei
Wasserloitong trotzdem ei!
Aber schö send oinaweg
Sotte klare Wenterdäg.
Gang uff d Alb: Em Ṛaureif no
Schtandat d Bäum am Morga do!

S Johr vergoht jetzt vollends schnell,
Aber dr Dezember, gell,
Ischt sei schönster Monet doch:
Zua ehm ghört jo d Weihnachdswoch!

Könnte es eine treffenderes Pseudonym für den Philosophen Dr. Karl Fuß (1893–1962) geben, als **Wendelin Überzwerch**? Der heilige Wendelin gilt als Schutzheiliger des Hornviehs, und als überzwerch werden im Schwäbischen Querköpfe bezeichnet. Karl Fuß studierte Germanistik und Geschichte. In Wilhelmsdorf, der Heimat seiner Frau, verbrachte er die letzten Lebensjahre und verfasste dort seine schwäbischen Gedichte.

S schneit!

Matthias Koch

Guckat no au naus, ihr Leit!
Seahnt r denn it, wia n as schneit?
Juchbeidi und Juchbeida!
Ganze Bettziacha kommat ra.

Koa schwaarz Dätzle sieht ma maih,
Deesmol kommt a feschtr Schnai.
Juchbeidi und Juchbeida!
Ganze Bettziacha kommat ra.

Friedr, duar da Schlitta raus,
S leit schau gnuag do voar am Haus!
Juchbeidi und Juchbeida!
Ganze Bettziacha kommat ra.

Marna marga, glaubsch it au?
Ischt r guat an Metr hauh!
Juchbeidi und Juchbeida!
Ganze Bettziacha kommat ra.

Der schwäbische Heimatdichter und Mundartautor **Matthias Koch** (1860–1936) aus Tieringen veröffentlichte dieses Gedicht 1913 in seinem Band »Kohlraisle«. Der Schriftsteller Ludwig Finckh sah ihn damit an »allererster Stelle in der schwäbischen Dialektgeschichte«. Der Matthias-Koch-Weg auf dem Tübinger Österberg, Sitz des SWR-Studios Tübingen, in dem jahrzehntelang die Hörspiele der »Schwäbischen Stunde« produziert wurden, ist nach ihm benannt. *Bettziacha* sind Bettüberzüge, *Dätzle* meint Fleckchen und *Marna marga* heißt morgen früh.

Jetzt isch halt meh dia Klöpfleszeit

Jetzt isch halt meh dia Klöpfleszeit

Aus dem Allgäu

Jetzt isch halt meh dia Klöpfleszeit,
Drum machet mir uns dra:
Mir ziehet durch dia freie Welt
Ond klopfet fleißig a.
Mir bleibet it vor dr Düra schtong,
Mir trauet uns ins Haus zum gong.

Gott griaß eich, Herr ond Frau em Haus,
Mir saget eich was vor,
Es isch jetzt gar it lang meh aus,
Es schtoht scho vor dem Tor
Dia liabe guate Weihnachdszeit,
Wo Himmel sich und Erde frait.

Des Jesuskend, des wird jetzt bald
Em Kripple wieder sei,
Es friert, es isch em viel zu kalt,
Drum wärmt es fleißig ei.
Bringt em a Herz voll Lebensgluat,
Damit es nemme friera duat.

»Dia Klöpfleszeit« war in Oberschwaben, im Allgäu und in Bayrisch Schwaben ein verbreiteter Heischebrauch in der Adventszeit. An den drei Donnerstagen vor Weihnachten zogen Kinder schon frühmorgens durchs Dorf und klopften mit einer Rute oder einem kleinen Hammer an die Fensterläden oder Holztüren, sagten Klopferverse auf und bekamen dafür Nüsse, Brot oder Dörrobst.

In Muetters Stübele

Volksweise aus dem Breisgau

In Muetters Stübele, do goht dr hm, hm, hm,
In Muetters Stübele, do goht dr Wind.

Mueß fascht verfriere drin, vor lauter hm, hm, hm,
Mueß fascht verfriere drin vor lauter Wind.

I hon koi Hemadle und du koi hm, hm, hm,
I hon koi Hemadle und du koi Schtrümpf.

Mir wend ge bettla gau, mir sind jo hm, hm, hm,
Mir wend ge bettla gau, mir sind jo zwoi.

Du nimmsch dr Bettelsack und i dr hm, hm, hm,
Du nimmsch dr Bettelsack und i dr Korb.

Du schtohsch vors Lädele und i vor d hm, hm, hm,
Du schtohsch vors Lädele und i vor d Tür.

Dir gend se a Äpfele und mir a hm, hm, hm,
Dir gend se a Äpfele und mir a Biir.

Du schtecksch dr Schpeck in Sack und i dr hm, hm, hm,
Du schtecksch dr Schpeck in Sack und i dr Ank.

Du seisch: Vergelt es Gott, und i sag hm, hm, hm,
Du seisch: Vergelt es Gott, und i sag Dank.

Es gibt noch weitere Verse:

Du bisch en halber Narr und i en hm, hm, hm,
Du bisch en halber Narr und i en ganza.

Du gohsch ins reiche Haus und i ens hm, hm, hm
Du gohsch ins reiche Haus und i ens arme.

Du isch dia kalte Supp und i die hm, hm, hm
Du isch dia kalte Supp und i die warme.

Dr Hans isch kreideweiß, hot rote hm, hm, hm,
Dr Hans isch kreideweiß, hot rote Backa.

Hot Leis wia Fledermeis und Fleh wia hm, hm, hm,
Hot Leis wiea Fledermeis und Fleh wia Ratta.

Heische-, also Bettelbräuche, waren beliebte Unterbrechungen des Lebensalltages und strukturierten, wie die kirchlichen Feiertage auch, den Jahresablauf. Noch heute leben solche Rituale: Beim »Christbaumloben« in Oberschwaben steht der Sinn der Lobenden wie vor zweihundert Jahren auch nach Äpfeln und Birnen – heute allerdings eher in gebrannter, flüssiger, sprich veredelter Form. Dieses Heischelied stammt wohl aus dem Kandertal im Breisgau, so schreibt es jedenfalls das deutsche Volksliedarchiv. Vielleicht gelangte es in der Zeit, als die »Landvogtei Schwaben« zu Vorderösterreich gehörte (1541 bis 1805) und der Regierungssitz in Freiburg im Breisgau war (ab 1651) aus dem Breisgau ins Schwäbische? 1908 taucht es hochdeutsch in dem Liederbuch »Der Zupfgeigenhansl« auf. Solche kurzphrasigen Melodien eignen sich natürlich auch zum spontanen Reimen. So gibt es zahlreiche Textvarianten, entstanden in unterschiedlichen Regionen und entsprechend mundartlich eingefärbt. *Dr Ank* ist der (schwäbisch!) Butter.

Klopfa am Klopfersdag

Robert Naegele

»Klopfer, Klopfer, Hämmerle,
Bäure, gang ens Kämmerle!
Wirf ons Nüss ond Äpfel ra,
Dass ma ka ›Vergelts Gott‹ sa!«

Mit deam Sprüchle sind mir Buaba am Klopfersdag durch unser Dorf zoga. S Klopferversle von de Mädla hot a so ghoißa:

»Mir klopfet und klopfet
Und kündiget a,
Dass Christus der Herr
Bald komma ka!«

Ganz früher, vor hundert oder zwoihundert Johr, isch dr Klopferbrauch bei uns im Schwobaländle a Brauch von de graoße Leut, also von de Erwachsene, gwea. Arme, notleidende Fraua und Männer hend um Brot und Schmalz aklopft.

Jetz aber ischs Klopfa scho seit viele Generationa s Recht vo de Kender. Jeds Johr, am erschta Donnerschdag im Dezember, ziaget d Buaba und Mädla vo Haus zu Haus, schlaget mit ihre Klopferhämmerle an d Fenschterläda und bittet um Nussa, Biara, Äpfel und Leabkuacha.

An meine Klopfersdäg ka i mi no ganz genau erinnra, und oin Klopfersdag werd i wohl nia vrgessa.

In meiner Klass hot dr Ulrich Rissle älle Mitschüler um zwoi Köpf überragt, er war groß, kräftig und ... frech! Beim Fußballspiela hot er jeden von uns mit seine lange Ärm uf d Seita gschoba, er hot mit seine große Fiaß dr Ball emmer als Erschter vrwischt. Überall isch dr Rissle Uli dr Erschte gwäa, bloß it beim Rechna, Lesa und Aufsatz schreiba.

Beim Klopfa am Klopfersdag hot er sich jedes Johr en dia vorderscht Roih gschtellt und sei Klopfersprüchle extra laut gschria. Wenn em no d Kirchabäure fünf Walnussa en d Hand druckt hot, isch r it zfrieda gwäa, hot se frech aguckt und gsait: »No a baar Nussa meh mecht i!«

Genauso uverschämt hot er sich beim Hänselebauer benomma. In unserm Dorf hots bloß zwoi Walnussbäum geba und dia sind en Kirchabauers und Hänselebauers Garta gschtanda.

Dr Hänselebauer Martin ond d Kirchabauer Liesabeth send meine Schualfreund gwäa und hend dr freche Ulrich grad so möga wia i.

Beim Schneida vo de Haslruataschtecka, an dia mir unsere Klopferhämmer gschteckt hend, isch uns drei ebbes eigfalla, a kloine Lischt, mit dera mir den frecha, vorlauta Rissle Uli hend reilega wella.

Am Mittwoch, also oin Dag vor em Klopfersdag, send mir zua dr Mamma von dr Liesabeth ond zua dr Mamma vom Martin ganga und hend dia von unserm Plah unterrichtet. Dia boide Mammas hend sofort mitgspielt und hend uns a baar große Händ voll Walnussa uf da Disch glegt. Drzua a Stück Brot ond a bissle Bäbb. Jetzt hemmir drei mit ra Messerspitz dia Nussa ufbrocha und hend s Innere, dia guate Kerner, gessa.

Aus dem Brot hot d Liesabeth kloine Kügele dreht, dia Brotkügele hemmir en d Nussschala neidruckt und no dia Schala zuabäbbt. Em Martin isch no ebbes Bessers eigfalla. Er hot uf kloine Babierfetza gschrieba: »Für Ulrich Rissle – des hohle Nüssle!«

Uf a anders Zettele han i kritzlet: »Nuss, so hohl – wia Ulrichs Meggl!«

Dia kloine Bosheita, Aspielunga auf em Uli sei Faulheit und Dummheit send von uns au in dia leere Nussschala neibäbbt worda. Em Martin ond dr Liesabeth ihre Müdder hend dia »Blindgänger« en a extra Körble glegt und sich mit uns auf da Klopfersdag gfreit.

Punkt zwoi am nägschta Dag send mir Buaba und Mädla mit unsere Klopferhämmerle und unsere Körble am Arm vom Schualhaus zum Klopfa loszoga.

Dr Ulrich, no frecher wia sonscht, hot als Erschter beim Hänselebauer mit seim Hämmerle an dr Fenschterlada gschlaga und en selber dichteta Klopferspruch bläret:

»Holla, holla, s Klopfet raus,
Oder i schlag a Loch ins Haus!«

Em Martin sei Mamma hot ausm Fenschter glachet und gsait: »Ulrich dr Starke isch halt iberall dr Erschte! Gell, Nussa isch du bsondersch gern, do ... heit schenk i dir en ganza Haufa!«

Dr Uli hot grinst und kaum »Vergelts Gott« gsait, und beim Kirchabauer hot r no lauter an da Fenschterlada klopft, und no uverschämter sei frechs Sprüchle gschria. Au von dr Liesabeth ihrer Mamma hot r a bsonders große Portion Walnussa gschenkt kriagt.

Nochdem unsere Körble und Däscha mit Leabkuacha, Nussa, Äpfel und Biara gfüllt waret und ans letschte Haus vom Dorf aklopft war, isch dr Ulrich auf dr Stell hoim und über seine Walnussa hergfalla.

Älle send hohl gwesa, statt de Nusskern hot r uf Brot bissa und uf Zettele, und dia Zettele über sei Dummheit hot r no schlechter verdaut wia dia Brotkügele.

»Nuss, so hohl – wia Ulrichs Meggl!« – des hot en zum Nochdenka veralasst ...

Dr Uli isch bescheidener worda, uf em Schualhof hot r von Mol z Mol weniger ageba, und mr hätt moina kenna, dia Kraft aus seine lange Ärm und seine große Fiaß sei langsam en sein Kopf gwandert.

Ällaweil besser isch er beim Rechna und Lesa worda, und em nägschda Johr hemmir Schüler en Aufsatz schreiba müssa: »Unser Klopferstag«, und do isch dr Uli dr Zwoitbeschte gwäa. Er hot en no vorlesa dürfa.

Aber des Wort »Nussa« oder »Nüssle« hot dr Ulrich Rissle en seim Aufsatz mit koiner Silbe erwähnt!

Mit **Robert Naegele** haben wir einen Autor aus dem schwäbischen Bayern. In Nattenhausen im Kreis Günzburg geboren nahm er in Stuttgart Schauspielunterricht und spielte später auch unter anderem in der Komödie im Marquardt. Bekannt wurde er vor allem durch seine zahlreichen Fernsehrollen, unter anderem auch im »Tatort« und »Derrick«. Robert Naegele starb Anfang 2016 in München. Edi Graf hat eine seiner »Schwäbischen Weihnachtsgeschichten« aus dem gleichnamigen Buch württembergisch »eingeschwäbelt« – so wurde aus »Jauhr« – »Johr« und aus »Leazelda« – »Leabkuacha«.

Klopfadag

Kurt Köder

»Hola, hola, klopfa – raus!«,
Schreiet se vor jedem Haus
En de Holzstöck, onsre Kender,
Em Dezember, jeda Wender.

Voher scho dent ses asage
Ond Plakat übrall aschlaga,
Dass koi Hausfrau s it vergisst,
Dass dr Klopfadag bald ischt.

Vor de sechse scho gohts los –
Älle Schüeler, kloi ond groß,
Für dia s Aufschtauh sonscht a Schtrof,
Dia hant heut koi bissle Schlof!

»Hola, hola, klopfa – raus!«
Se vergesset it oi Haus,
Denn en jedem hot ma bacha,
Oder sonscht so guete Sacha:

Guetsla, Nussa ond Schoklädla
Schtecket d Buaba ond au d Mädla
En a Körble, en a Päckle,
Oder bloß ens Hosasäckle.

Älle dent »Vergelts Gott!« saga,
Schtolz dia Gschenkla hoimwärts traga
Ond es hot – grad so wia d Kender –
Au sei Fraid a jeder Schpender.

Zwischa achte so ond neine
Klopfet no au noh de Kleine
Ond es goht en gar koim Haus
It a oinzigs Kend leer aus.

Doch es leit a diafer Senn
En der alta Sitte dren,
Weil no wisset älle Leit:
Jetzt ischs Chrischtkend nemme weit!

Jo, dia Kender klopfet a,
Dass dr Herrgott komma ka
Ond es mahnt der Klopfagruaß
Dass ma sich drauf richta muaß.

So isch des, so wia i sag,
Seit viele Johr am Klopfadag,
»Hola, hola, klopfa – raus!«
Öffnet d Herza – öffnet s Haus.

Kurt Köder wurde in Stuttgart geboren, ging in Mengen, Riedlingen und Ehingen zur Schule und wurde Lehrer und später Rektor in Staig bei Ulm. »Heidanei!« und »Heidanei nomol!« heißen zwei seiner Bücher mit Mundartgedichten, in den späten 1980er-Jahren veröffentlicht. Kurt Köder erinnert in diesem Gedicht an einen »früheren Brauch en de ›Holzstöck‹, jeweils am erschta Donnersdag em Dezember«. Holzstöcke bezeichnet ein Gebiet südlich von Ulm, begrenzt von Iller und Riß.

Vor Klosa

Manfred Hepperle

S regnet, s blost und s haglet,
S isch alles grau in grau,
Und Welt isch wiea vernaglet.
De moischte Leut sinds au.

Es poltret gega d Scheiba
Und d Läda rottlet laut,
Muesch in dr Schtuba bleiba
Und hinna Zeit vertreiba, wenns dussa derart saut.

Dr Hund und d Katz und d Henna
Verkrieachet sich im Haus.
Koi Maus siehsch etz meh renna,
Diea hocket in dr Tenna, ma jagt koin Hund meh naus.

Am alta Baum vorhussa
Sind alle Blätter weg.
Bloß an de Äschtla dussa
Hangt no a Handvoll Nussa, au diea hauts no in Dreck.

Etz loss dr Wind halt blosa,
Sisch nimme lang bis schneit,
Sisch nimme lang bis Klosa,
Wos d Epfel mit de Mosa, wo faula dätet, geit.

Mit den Begriffen Kabarettist, Karikaturist, oberschwäbischer Wortklauberer und Mundartbruddler ist der Ravensburger **Manfred Hepperle** (1931–2012) nur unzulänglich beschrieben. Penibler Kreativling, halt oberschwäbisch.

Klose-Obed

Altes Wangener Nikolauslied

Es dunklet friah, duss isch es kalt,
Do schtampfet d Klosa dur da Wald,
Im Mondschei leichtet hell dr Schnea,
Scho öfters hot ma jetzt oin gseah.

Se lueget iberall zua de Kind,
Ob dia au brav und friedle sind;
Se loset huimle umenand,
A Ruata hond se in dr Hand.

Und sind se brav und fleißig gwea,
Schenkt Niklaus Nüss und Epfl her,
Isch aber ois a beser Drack,
Dean schteckt dr Rumpelklos en Sack!

Der Heimatforscher, Autor und Musiker **Berthold Büchele** hat unter anderem in seinem Buch »Schwäbisch g'sunge« zahlreiche Lieder und Bräuche aus Oberschwaben und dem Allgäu veröffentlicht. Einige der von ihm gesammelten überlieferten Verse zählen zu den Schätzen unserer Tradition und zeigen die Vielfalt an Bräuchen gerade in der Weihnachtszeit. Dieser Liedtext aus dem württembergischen Allgäu thematisiert das Auftreten der wilden, ungestümen »Klose« und des heiligen Nikolaus und zeigt, wie sich Brauchformen mischen. Und wenn sie *huimle loset,* dann horchen sie heimlich ...

Dr Santiglos vo friher

Rösle Reck

»Santiglos, Butterfiedla,
Lass mr au baar Epfel liega!«
Hemmer friher amml gschria,
Aber Schiss no ghet ond wia!

Heit isch vor em Santiglos
D Angscht bei Kender nemme groß
Ond se senget: »Tralala,
Bald isch Niklausabend da.«
Oft lot ma dean guata Ma
Nemme mol an d Kender na,
Der soll dussa bloß em Stilla
D Stiefela mit Gschenkla filla.

Bschtellt ma sich doch oin ens Haus,
Sieht r wia en Bischof aus;
Oft spielt en gar no da Babba,
Langer Mantel, Bischofskabba,
Ond en Stab, als Bischofszoicha –
It mit sella zom vergleicha,
Dia, woni no Kend ben gsei,
Gwuatet hand bei eis dahoi.

Dia hand ausgseah, wiascht ond gfährle,
Lauter rabiate Kerle,
S Beta hemmer glei agfanga,
Älls no vor ischt d Dür aufganga.

Vier, feif send mitnander komma,
Hond oin glei en d Zanga gnomma,
Jeder mit ra Allmachtsruat,
Do ischs aus gsei mit em Muat!

Noch hand se für Buaba, Mädla
Epfel uf da Disch nakeit
Ond a baar vergrotne Bredla,
Koi Kend däd dia essa heit.
Hot mr wella drnoh langa,
Hot mr mit dr Ruet ois gfanga.
Manchmol hand se au – des Pack –
Grauße Mädla gschteckt en Sack.

Dass dia Gschwischterla, dia kleina,
Hand ganz grausig miaßa heina
Ond de größre Buaba brella.
Dass drbei de Kenderseela
Gar en Schada bleiba kennt,
An des hot koi Mensch it denkt.
Wer des mitgmacht hot, sieht ei,
It älls ischt friher besser gsei!

Die schwäbische Dichterin **Rösle Reck**, 1929 geboren, wuchs auf einem Bauernhof in Wilflingen bei Riedlingen auf und versteckte als Kind die heimlich geschriebenen Gedichte im Geheimfach eines Schrankes. Im Forsthaus in Rulfingen bei Mengen entstanden später ihre Gedichte, die sie in Plastiktüten aufbewahrte, bis sie Ende der 1970er-Jahre damit an die Öffentlichkeit trat. Seither ist sie Zugpferd und Aushängeschild der Mundartdichtung in Oberschwaben.

Zom Niklausdag

Kurt Dobler

D Leut reibet wieder fescht sich d Händ,
Drom send mr middla em Advent,
Dr Wender hot agfanga,
A kalter Schnaiwend blost drher,
Feagt d Stroßa von de Kender leer,
Dia send en d Schtube ganga.

Dr Niklaus stapft zor Hausdür rei,
Er hot en graußa Sack drbei,
Lasst älls sei Ruata wädla.
»Wo send dia Kender?«, frogt er schau,
»Was hend ihr s ganze Johr durch dau?,
Ihr Buaba ond ihr Mädla?«

Verdattert hocket se em Eck,
Koi gotzichs isch jetzt maih so keck
Au noh oin Muckser z machet;
Dr Niklaus frogt se oinzeln aus,
Wer brav gewea isch, isch fein heraus,
De andre hent nex z lachet.

S geit mit dr Ruata henta druf,
Für d Brave duat dr Sack sich uf
Mit Epfl, Nussa, Biara.
»So, Kender, emmer folgsam sei,
I gugg fei s nägscht Johr wieder rei!«
No goht r naus zor Düara.

Ond weiter stapft von Haus zu Haus,
Treppuf, treppab dr Nikolaus,
Frogt, haut ond bschenkt dia Kender.
So macht ers schau seit alter Zeit,
Ehs mit em Chrischtag isch so weit
Ond ehs voll reacht wurd Wender!

Der Großheppacher Heimatdichter **Kurt Dobler** hat seine schwäbischen Gedichte in mehreren Büchern veröffentlicht. Er war ein »Mundartdichter, der ein übervolles Herz für seine schwäbische Heimat hatte«, schreibt die Stadt Weinstadt auf ihrer Homepage.

Dr dridde Ma

Oder worom mei Oma am Niggelausobed nemme Zither spielt …

Edi Graf

Agfanga hot des Gschichtle, wo i etzt verzähla will, an dem Obed, wo dr Niggelaus bei ons agruafa hot ond gsagt hot, dass er ned komma ka.

Dr Babba, d Mamma, d Oma ond dr Opa send en der Stub ghoggt ond hend so laut gschwätzt, dass i han ned schlofa kenna. Drum han i älles ghört, was se an dem Obed ausgmacht hen. I han ja probiert zom schlofa, aber wo mein Opa zum Niggelaus »Schofseggel« gsagt hot, war i glockahell wach!

»Des hedd dem Schofseggel ao früher eifalla kenna, dass er des Johr am Niggelausobad koi Zeit hot«, hot er gschompfa, ond d Oma hot gmoint, dass mr am Niggelausobed als Niggelaus oifach Zeit zum han han sodd.

»Des nützt doch älles nix«, hod d Mamma gsagt, »dr Bua braucht en Niggelaus, so wie der sich en ledschter Zeit benimmt!«

Oje, do drmit war i gmoint.

Drbei glaub i scho lang nemme, dass dr Niggelaus dia böse Kender en sein Sack steckt. Mr singt jo schließlich »Nigglaus ischt ein *guter* Mann« ond i han ao letscht Johr em Kindergarta genau ufbasst, ob dr Max ond dr Felix am Dag noch em Niggelausobed ao wieder kommed. Weil dia zwoi send dia gröschte Schbitzbuaba em Kindergarte gwea.

Freilich waret se do, ond se hen vrzählt, dass ihr Niggelaus ned amol en Sack drbei ghed hod, geschweige denn en Ruprecht! Se häbet bloß en Haufa Gschenkle kriegt, ond no sei dr Niggelaus wieder abzoga.

Ond er sei middem Mercedes do gwä, ned middem Rentierschlidda! Sein Huad – also sei Mytra – häb genau durchs Schiebedach basst, hen se verzählt, ond sein roter Mantel sei zur Dür nausghängt ond häb em Dreck gschloift, wo er losgfahra sei.

»Ond woher willsch so schnell no oin bringa, zwoi Däg vor em Niggelaus?«, hod dr Babba jetzt gfrogt. Ond noh hod d Oma gsagt: »Noh machsch en halt du!«

I han erscht denkt, i hör net recht!

Wieso »machsch«?

Dr Niggelaus *isch* doch!

Den *macht* mr doch ned!

Ond uf oimol isch mir klar worda, dass die vier in dr Schtub do en ganz omeglicha Plah ausgheckt hen: Dia wellet mir statt em echta Niggelaus bloß a billige Kopie schicka!

Ond tatsächlich: Des ganze Gschpräch hot sich jetzt bloß no drom dreht, wia mr dr echte Niggelaus am Beschta nochmacha könnt. Ond des hot sich so aghört:

Babba: »I?«
Oma ond Mamma: »Klar, du!«
Oma: »Ond dr Opa macht da Ruprecht!«
Babba: »Aber mir hen jo ned amol a Gwand!«
Mamma: »I kennt dir dein Badmantel rot färba!«
Babba: »Noh seh i jo aus wie dr Weihnachtsma' von Coca-Cola!«
Opa: »Ond dr Bart?«
Mamma: »Wadde!«
Opa: »Ha?«
Mamma: »Wadde! Bäbb ond Wadde!«
Oma: »Oder Rasierschaum!«
Babba (gnervt): »I ka mr jo ao den weißa Badvorleger, wo aussieht wie a Eisbärafell, om d Gosch rombinda!«
Opa: »Noh brauchsch no a Mytra ond en Schtab!«
Oma: »Mein neia Schrubber hod doch en silberna Schtil.«
Mamma: »Ond d Mytra müsset mr halt aus ma Babbadeggel zuaschneida. Rote Wasserfarb ond Goldbabier, fertig!«
Babba: »A Glöckle hemmer ao koins!«

Oma: »Do ka mr mit ma Löffel en ra leera alta Kaffeetass kläppra.«

Opa: »Als Onderkloid nemmsch mei alds weißes Nachdhemmad, dia alde schwarze Schdiefl ond fertig isch dr Niggelaus!«

Babba: »Prima! An Niggelaus, wo aussieht wie a Kreizong zwischa Gardazwerg ond Fasnetsbutz! Ohne mi!«

Opa: »Noh mach halt i den Niggelaus! I han doch no so e Blaschdigmask uf dr Bühne, mid ma weißa Bart ond ra rota Zipfelkapp dra. Do han i scho mol em Bauratheater dr Weihnachtsma' gschbielt.«

Oma: »Awa, des isch doch zwanzg Johr her!«

Opa: »Na ond? Des Mäskle isch prima. Ond des rote Gwand von dem Weihnachtsma' – müsst des ned ao no do sei?«

Oma: »Des war so en billiga Filzlabba, do han i scho längscht Butzlomba draus gmacht!«

Mamma: »Mr könnt ao ausm rota Vorhang em Wohnzemmer en Umhang näha!«

Babba: »Awa, der hot doch a Bluma-Muschter, do siehsch aus wie oiner von de drei Musketier!«

Opa: »Des isch mir doch egal. Hender dem Mäskle, do kennt mi jedafalls koi Sau, ond dr Jong scho glei gar ned!«

Oma: »Noh wär dr Niggelaus also azoga.«

Mamma: »Fehlt bloß no der Ruprecht!«

Babba: »Was guggsch do mi so a? I mach ganz gwieß koin Ruprecht!«

Oma: »Ja, wer denn sonsch?«

Opa: »Also dr Ruprecht isch jo wirklich koi Problem! Mei grauer Regamantel mid dr Kabbuz, Gommischtiefl ond oins von dene Katzafell, wo da iberfahra hosch, als Bart – fertig!«

Babba: »So lauf i uf jeda Fall net rom!«
Mamma: »Ond ob! Du brauchsch jo nix doa ond kasch die ganz Arbet em Niggelaus iberlassa. Des isch doch a Traumroll, für di als Beamter!«
Opa: »A bissle en Bart neibrommla, mid dr Ruat winka ond Gschenkle verdoila, deschd älles!«

Uf oimol isches en dr Schtub ganz leis gwä. Fascht oheimlich.

Ond mir isch ganz schlecht gworda bei dem Gedanka, dass zu mir schtatt em echta Niggelaus dr Opa mit ra Fasnetsmask ond dr Babba mit ma Katzafell em Gsiecht kommt!

Noi!

Des han i ned wella!

Aber was han i macha kenna?

Do ben e glega, en meim Bettle, ond han weiter glauscht. Aber nochdem d Oma zom Babba ond Opa gsagt hot, se sollet net so laut schreia, ond d Mamma d Schtubatür zuagmacht hot, han i nix meh vrschtanda.

Irgendwann bin e noh eigschlofa ond han vom Niggelausobad träumt.

Am nägschda Morga hemmer en dr zwoita Schtund Reli ghet. En dr erschta Klass hot bei ons en dr Grundschual dr Herr Pfarrer Häfele persenlich dr Relionderricht gmacht.

I ben direkt noch dr Relischtond zum Herr Pfarrer ganga ond han gsagt: »Herr Pfarrer, du hosch doch en guata Droht en Hemmel nuf. Kenndesch du ned mol froga, ob zu mir morga net doch dr echte Niggelaus komma ka? Oder wenigschtens en gscheida Ersatzspieler?«

Ond no hanem vrzählt, was se bei mir drhoim am Obed vorher ausgmacht hen. Dr Herr Pfarrer Häfele hot bloß da Kopf gschüttelt ond mir vrschprocha, er däd sich persenlich drom kümmra.

I war soweit zfrieda.

Wo no en Dag schbäter dr Niggelausobed komma isch, war i trotzdem ziemlich ufgregt.

Dr Dag hot wie emmer mit dr Mamma ihre Schtandardschprüch agfanga: »Hannesle, heit Obed kommt jo dr Niggelaus! Warsch ao liab? Hosch ao dei Zimmer aufgräumt? Hosch ao emmer gfolgt?«

Saubleds Gschwätz! Des hot se doch selber am beschta gwisst, aber Hauptsach mir a schlechts Gwissa macha! Nigglaus ischt ein *guter* Mann, han e denkt ond han se schwätza lassa.

D Oma hot ihr Zither, wo s ganz Johr uf ihrm Schlofzemmerschrank glega isch, auspackt ond hot se gschtemmd. Bei ons isch es Traditio', dass am Heiliga Obed no Weihnachtslieder gsonga werdet ond mei Oma schbielt noh emmer Zither drzua. Meischtens »Ihr Kinderlein kommet«, »O Tannenbaum« ond s Liadle vom Owilacht, wo's en dr dritta Schtroof hoißt: »Gottes Sohn, Owilacht«.

Dr Niggelausobed isch für mei Oma emmer d Generalprob für Weihnachda. Do singet mr no »Luschdig, luschdig tralalalala« ond »Leise rieselt der Schnee«, obwohls meischdens ned rieselt, sondern regnet.

Am Niggelausmorga hemmer en Reli a Vertretung ghet, weil dr Herr Pfarrer Häfele net do war. Ond middla en dr Relischtond isch doch tatsächlich dr Niggelaus auftaucht. Ond zwar dr echte!

Des woiß i gwieß, weil er hod net bloß a echte Mytra ghet ond en echta goldena Bischofsschtab, sondern hot ao zu mir gsagt: »Du bisch doch dr Hannes, ond du hosch dir doch gwünscht, dass en richtiga Niggelaus zu dir kommt, gell?«

Ond woher hätt der des denn wissa solla, wenn's net dr echte Niggelaus gwäsa wär?

I han no gsagt: »Jo, heiliger Sankt Niggelaus, des wär klasse, wenn da des eirichta könntesch, ond am liabschta du selber!«

Er hot no en seim goldena Buach guggd ond hot gnickt. So gega siebene däds em langa, hot er gsagt und i han me saumäßig gfreut.

Wo dr Niggelaus wieder fort war, sen drei aus meiner Klass komma ond hend gfrogt, ob se net ao drbei sei dürfdet, wenn dr Niggelaus zu mir hoim kommt.

Mei Mamma isch aus älle Wolka gfalla, wo's am Obed gschellet hot ond dr Leon mit seiner Muader ond d Alisa mit ihre Gschwischter ond Eltern ond dr Jonas mit seiner Familie vor dr Dür gschtanda sind.

I han bloß gsagt, se brauch sich koine Sorga macha wega de Gschenkle, weil i han jo gwisst, dass dr echte Niggelaus kommt, ond der hot ja emmer für älle Kender ebbes drbei. D Schtub war voll, aber weil's dr Babba ond dr Opa mol wieder net hen richta kenna, hots mit de Plätz grad so glanget.

D Oma ond d Mamme hent sich zwar aguggt ond mid de Auga grollt ond i han ghört, wie d Oma gflüschtert hot: »Dr Opa hot dr Schtab vergessa, den schtell i em no vor d Dür!«

»Wo sen denn die zwoi iberhaupt?«, hot d Mamme gfrogt.

»Ha em Oxa, do ziaget se sich em Nebazemmer om«, hot d Oma gsagt. »Ond trinket sich no Muat a, dia Suffköpf!«

No isch mr en d Schtub ghoggt ond d Oma hot afanga zithra. Em Adventskranz hots erschte Kerzle brennt, d Mamma hot ihre guate Schprengerle schprenga lasse ond emmer wieder nervös uf d Uhr guggt.

Uf oimol hot mr drussa vor em Haus ebbes bockla hera, ond dr Babba hot gschria: »Welcher Schofseggel hot denn den Schrubber so bled über da Weg glegt?«

»Uje, der isch mr omgfalla«, hot d Mamma ganz verschrocka gruafa ond isch zur Dür grennt. D Oma hot grad noh s »Kufschteiner Lied« fertig gschbielt, no hots em Hausgang kleppret ond mr hätt moina kenne, s schellet a Glöckle.

I han uf d Uhr guggt. Dreiviertel siebene! Des war dr Niggelaus!

Dingelingeling hots gmacht, en Schlag doa ond plötzlich sen weiße Porzellanscherba em Hausgang uf em Schtoiboda Richtung Schtub gfloga.

»Mei Gschirr!«, hot d Oma gschria ond isch schier iber ihr Zither neigfloga. »Etzt hot der Bachel oine von dene nagelneie Kaffetassa aus Südtirol als Niggelausglöckle gnomma, mit em Schraubazieher als Klöppl!«

Em gleicha Moment isch d Mamma kreidebloich en dr Dür uftaucht ond hinter ihr dr Niggelaus.

Wo der so en dr Wohnzimmerdür gschtanda isch ond mit vrschtellter Schtimm »In Gemütlichkeit, Amen!« gsagt hot, isch mir klar gworda, dass mein Plan schiefganga isch.

Von wega echter Niggelaus! Seine zwoi Ersatzspieler hot er gschickt, ond was für welche: Em Niggelaus isch onser blumiger roter Wohnzimmervorhang von dr Schultra ghängt, en dr oine Hand hot er dr Oma ihrn Schrubber mit em silberna Schdiel ghet – oba a Goldborde dromgwicklet – ond en dr andere s Goldene Buach: »Winnetou I«, halba en Alufolie eigschlaga. Vom Opa seim Gsicht hot mr nix gseha, weil er so a Plaschtikmäskle mit weißem Waddebart ond roter Zipfelkabb ufghet hot.

Dr Babba als Ruprecht hot ausgseha wie dr Opa, wenn er für seine Hasa Fuader holt, en seim graua Regamantel mit Kabbuz ond de greane Gommischtiefl. Bloß durch den Katzafellbart hot er a Gsicht ghet wie en Waldschrat an dr Fasnet. Er hot gherig mid dr Ruat gfuchtlet ond en sein Katzafellbart neibrummlet.

Dr Opa hots do net so leicht ghet. Mit vier Sacha en zwoi Händ war dr Niggelaus leicht iberfordert: Vom Kaffeetassaglöckle war zwar bloß no dr Henkel ibrig, aber en dr gleicha Hand hot er ao no da Sack mit de Gschenkle trage ond en da andera dr Karl May en Alufolie ond dr Oma ihrn Schrubber. Den hot er als Erschtes abgschtellt ond dodrbei schier d Wohnzimmerlamp von dr Decke rabgschlaga. D Mamma isch mit ma Schroi ufgschprunga ond hot dia Lamp en ihre Schwingunga ausbremst.

Noh hot dr Niggelaus sich gräuschbert ond dia Vorschdellong hot mit em erschta Akt agfanga. Begrüßung der Kinder durch den Niggelaus.

Mr hot em Opa an dr Schtemm agmerkt, dass er nemme ganz nüchtern war. Später hot mir dr Felix, dr Bua vom Oxawirt, wo zu mir en d Klass goht, gsagt, dass dia zwoi bei dr Vorbereidong zu ihrm Uftritt drei Halbe ond zwoi Willy trunka hättet. Jeder. Entsprechend hot dr Opa glallt: »Advent, Advent, äh ... dr Chrischtboom brennt ...! (lange Denkpause) Do ka dr Nigglaus nix drfür, er ischt heut mit dem Ruprecht hier!«

Zweiter Akt. Gemeinsames Singen vom Niggelausliad.

D Oma hot zischt, er soll ao koin so en Scheiß rausschwätza ond noh hot se agfanga, uf dr Zither s Nigglauslied zom spiela.

Ond dr Leon mit seiner Muader ond d Alisa mit ihre Gschwischter ond Eltern ond dr Jonas mit seiner Familie, d Mamma ond i hend gsonga, wia d Schtora!

»Lasst uns froh und munter sein!«

Beim »luschdig tralalalala« hend dr Nigglaus ond dr Ruprecht sich an de Ellaboga eighenkt, send em Kreis romgschprunga ond hend noch jedem Satz »Hoi!« gschria:

»Steht der Teller auf dem Tisch – Hoi!
Sing ich nochmals froh und frisch – Hoi!
Luschdig, luschdig, tralalalala – Hoi!
Heut isch Niggelausabend da – Hoi!
Heut isch Niggelausabend da – Hoi!«

Wo mir grad beim schönschta Vers waret, wos hoißt: »Bald ischt unsre Schule aus!«, hots an dr Hausdür gschellat. D Oma hot mit zithra ufghört ond d Mamma ond d Oma send naus, zom gugga, wers isch.
Dritter Akt. Dr Niggelaus beschert die Kinder.

Kaum waret dia zwoi aus dr Schtub, hot dr Niggelaus aus seim Sack da Flachmann rauszoga, »gelobt sei, was Durscht löscht!« gsagt ond en kräftiga Schluck gnomma.

Noh hot er des Fläschle em Ruprecht geba, der hot grülpst, »Vergelts Gott!« gsagt ond den Flachmann voll gleert.

Grad en dem Aogablick, wo dr Opa den Sack mit de Gschenkle uf em Boda auskippt hot, dass d Nussa ond d Epfel ond d Schokladniggeläuser bis onder da Disch nagruglet send ond dr Babba henter seiner Plastikmask gruafa hot »Ond auf den Niggelaus ein dreifaches Narri – Narro!«, isch dr echte heilige Sankt Niggelaus en dr Dür gschtanda!

Ond des war wirklich dr echte! Der aus em Relionderricht! Mit Mytra, goldenem Buch, goldenem Bischofsstab, rotem Mantel, enna mit Gold ond ma ganz weißa Bart.

Hender ihm send d Mamma ond d Oma en d Schtub reigschlupft ond hend koi Wörtle gsagt.

»Das ist ja nett, dass meine Vertreter auf Erden schon mal angefangen haben«, hot dr heilige Sankt Niggelaus gsagt und seine zwoi Ersatzspieler würdevoll zugnickt. »Ihr könnt jetzt in die Küche gehen und euch stärken! Wir haben ja noch viel zu tun am Nikolausabend ...«

Des hend sich die zwoi net zwoimol saga lassa ond send en dr Küche verschwunda.

Dr echte Niggelaus aber hot mit ons gsonga ond des Gedichtle aufgsagt: »Von drauß vom Walde komm ich her ...«

Ond noh hot er zur Oma gsagt, ob se net uf dr Zither no was vorspiela könnt, er däd des Inschtrument so gern höra.

Oje, sie könn gar nix meh, außerm Kufsteiner Lied ond dene Weihnachtslieder, wo mir grad scho gsonga häbet. »Oder vielleicht dr ›Dridde Ma‹?«, hot se gfrogt.

»Das passt doch wunderbar heute«, hot dr echte Niggelaus gsagt, ond i moin, sei Schtimm hätt a bissle klunga wie dia von meim Relilehrer.

Dr Niggelaus isch zom Leon mit seiner Muader ond dr Alisa mit ihre Gschwischter ond Eltern ond zom Jonas mit seiner Familie ond zur Mamma ond mir naghoggt ond d' Oma hot afanga zithra.

I han noh später, wo dr Leon mit seiner Muader und d Alisa mit ihre Gschwischter ond Eltern ond dr Jonas mit seiner Familie scho wieder weg waret, en dr Küche den Alu-Winnetou zwischa zwoi leere Schnapsgläser liega seha ond dr Oma ihr Schrubber isch en der Eck drin gschtanda. Vom Babba ond Opa han i an dem Obed nix meh ghört oder gseha.

So en luschtiga Niggelausobed mit drei Niggeläus uf oimol hots nie wieder geba! Ond mei Oma hot seither nie wieder d Zither auspackt, wenn dr Niggelaus komma isch.

Eigentlich schad, weil des Liad von dem »Dridda Ma« isch seit dem Niggelausobed ois von meine Lieblingsweihnachtslieder. Neba »Nigglaus ischt ein *guter* Mann ...«

Wenn d Mamma Bretla bachet

Rösle Reck

Uf da Klosdag na
Fangt d Mamma a bacha,
S gilt dia Klosama
Ond des Birabrot z macha.
Doch isch dr Klosdag vorbei,
Kommt se erscht recht drenei.

Do mueß se noch laufa,
Mit Krätta ond Dascha,
Mueß en Haufa eikaufa
Fir dia zuckrige Sacha;
Bald stoht alles, oje,
Uf em Kuchebüffee.

Do hots Mandla ond Nussa,
As a ganz ond schau gmahla,
Do send Ingwerwuuza
Ond Bomranzaschala,
Anis, Nelka ond Zitronat,
Zemmet, Zibeba ond Oraschat.

Puderzucker ond Backarome,
Honig, Margarine, Schmalz,
Schokladschtreisel ond Goggelersome,
Backbulver ond Hirschhornsalz,
Klosanussa, Himbeergsälz
Doch des isch no lang noit älls:

S ischt au Mondamin ond Butter
Do, ond Mehl en groẞa Pack,
Kriasawässerle, a Gutter,
Denn des geit en prima Gschmack,
Kokosflocka, Feiga ond
Zucker au noh, glei zeah Pfond.

Au zwoi Tafla Blockschocklada
Ond a Päckle mit Zibeba
Ond drei sotte mit Oblada,
A Glas Schelee stoht noh drneba,
Oier au noh glei faif Dutzed,
So wead jetzgrad s Geld vrbutzed.

Heit lot sich koi Kend vrtreiba
Äll wand en dr Kuche bleiba,
Do weng donka, det wenig schlecka,
D Fengerle en Doig neistecka;
Ond drom rucket älle zamma,
So, wia d Häsläus, na an d Mamma.

Ond dia doschtet, rihrt ond mischt,
Knitt da Doig ond wirft en na,
Bis er zletscht ganz glempfig ischt
Ond ma n reacht guat walla ka.
»Sole, Kender, jetz mueß's langa,
Her, glei derfet ihr afanga!«

Hei, wia dand do d Äugla glitza,
Endle deff ma ebbes dua
Ond au mol dr Mamma nitza,
S Züngle braucht ma au drzua.
Älle seahnet bald druf aus,
Mehlig, wia a Mihlemaus.

Gschaffet weat ond gschwitzt ond gwerklet,
Ausgstocha ond drillet, gnudlet,
Gschlonga, gstricha, gspritzt ond gwarglet,
Doig recht wieder zemmabudlet,
Nomol gwellet ond ausgstocha,
Noch noh Häufela gmacht ond Schocha.

D Mamma schaffet mit em Model,
D Sprengerla send ihra Sach,
Denn do brauchts en bsondra Voatl,
Doch dia kommet noit ufs Blech;
Ufs Nudlabritt wäret se glait,
Dass morga scheene Fiaßle geit.

Jetza gohts ananderno,
Oi Blech raus ond s ander nei.
Wia vrhitzget ischt ma do,
Doch em ganze Haus schmeckts fei.
Au vorm Haus bis nom ans Eck,
Grad wia bei ma Zuckerbeck!

Älles hand se guet verrota,
Au d Makrona, Butter-S
Send mol wieder bsonders grota,
Ond geits au amol a hees,
Deffet d Kender mit deam siaßa
Zuig sofort de Gluschta biaßa.

D Mamma, so em groẞa Ganza
Ischt reacht zfrieda mit ihrm Werk,
Wia dand ihre Zimtstern glanza!
Sieht se ihren Bredlaberg,
Ka se volla Inbrunscht saga:
»Gott sei Dank, dia Schlacht isch gschlaga!«

»Mit ihrer tiefen Innerlichkeit im Gemütsleben weitet sie uns den Zugang zum Bodenständigen, zum Gewachsenen, an dessen Urwüchsigkeit wir uns erfreuen und worüber wir auch von Herzen lachen können«, schreibt Walter Bleicher zu **Rösle Recks** Gedichtband »Älles ischt menschlich«, der 1986 erschien. *Ingwerwuuza* sind Ingwerwurzeln, *Bomranzaschala die* Schalen der Bitterorange oder Pomeranze und *Zibeba* natürlich Rosinen. *Goggelersome* ist eine hübsche Bezeichnung für die bunten Zuckerstreusel. *Kriasawässerle a Gutter* meint eine Flasche Kirschwasser. *Glempfig* bedeutet geschmeidig, *drillet* gedreht, *gwarglet* gewellt, *zemmabudlet* zusammengeballt. *Schocha* heißt Haufen oder Portion, *Voatl* Geschick und *Gluschta* sind Gelüste.

En dr Weihnachdsbäckerei

Rolf Zuckowski, schwäbisch von Edi Graf

En dr Weihnachdsbäckerei
Gibt's en Haufa Schleckerei,

Zwischa Mehl ond Milch
Macht so mancher Knilch
A riesagroße Sauerei,
En dr Weihnachdsbäckerei.

Wo isch des Rezept bloß na,
Von de Bredle, wo i ma?
Wer hot des Rezept
Verschteckt?
Doig arühra, Nussa knacka,
Gsälz drzua ond fertig backa,
Schalt da Ofa ei
Ond nei!

Wenn mei Mamma em Advent
Wia verruckt durch d Kuche rennt,
Onder Starkstrom schtoht,
Weil dr Doig ed goht
Ond sie wieder des Rezept net fend,
No isch wieder mol Advent!

Weggamanna mid Zibeba
Sodds jo schao am Niklaus geba,
Schtell da Schdiefel naus,
Vors Haus.

Butter, Mehl ond Milch verriehra,
Ond i däd so gern probiera,
Doch se hot, was schmeckt
versteckt!

Sprengerle ond andre Bredla
Meget d Buaba ond ao d Mädla
Wäsch dr d Fenger au!
Du S...!
Sind dia Bredla erscht em Ofa
Legt sich d Mamma gschwend ufs Sofa
Oh, se hot verpennt –
Verbrennt!

Wenn mei Mamma em Advent
Wia verruckt durch d Kuche rennt,
Onder Starkstrom schtoht,
Weil dr Doig ed goht
Ond sie wieder des Rezept net fend,
Noh isch wieder mol Advent!

Eines der beliebtesten Weihnachtslieder für Kinder stammt von **Rolf Zuckowski.** Sein »In der Weihnachtsbäckerei« gehört zu den jüngeren Weihnachtslied-Klassikern, und so darf es in diesem Buch natürlich nicht fehlen. Da es in der schwäbischen »Weihnachtsbäckerei« aber statt Plätzchen »Bredle« und »Sprengerle« gibt und der »Weggama« (Weckenmann) an Nikolaus die Backofenwelt erblickt, hat sich Edi Graf bei seiner schwäbischen Übersetzung die entsprechenden Freiheiten erlaubt und auch den Refrain in einer zweiten Version auf die schwäbische Backstub zugeschnitten. Aber der Text passt immer noch zur Melodie: ausprobieren und singen! Herzlichen Dank an Rolf Zuckowski für die Zustimmung zu dieser schwäbischen Version. Er merkte jedoch zur Übersetzung von »Du Schwein« an: »Ein schmunzelndes ›Kleine Sau‹ wäre mir lieber als ›Du Sau‹« – woraus schließlich ›Du S...!‹ wurde.

D Weihnachdsbäckerei

Heidi Ruff

Morga ka mr s erschde Kerzle
Am Adventskranz amacha.
No sieht mr so manches Herzle
Mit dr Oma Guetsla bacha.

En ganz feiner Weihnachtsduft
Steigt oim ieberall end Nos,
Stiehlt sich naus end Wenderluft
Ond schwebt nieber ieber d Stroß.
Albertla ond Zemmetstern,
Machet gschickte Fengerla.
Ond se bachet bsonders gern
Spitzbueba ond Sprengerla.

Weihnachdslieder werdet gsonga,
Langsam füllt sich Blech om Blech.
Hoppla! Des isch etzt misslonga
Ond jetzt hot des Guatsle Pech:
Ruckzuck landets en ma Mäule;
Wia dr witsch – scho ischs vrschwonda.
Oooh – so manches Kenderbäuchle
Wird vor Weihnachda arg gschonda!

Ganz nuff bis ans Nosaspitzle
Send dia Gsichtla oft verschmiert,
Ond so manches kloine Fritzle
Hot viel zviel vom Doig probiert.
Kreidebloich liegts en seim Bettle,

Trenkt a Tässle Kräutertee;
Jomert: »O mei liabs Herrgöttle,
Wia duat mir mei Bäuchle weh!«

Gohts em no am nägschda Morga
Wieder guat ond ischt r fit,
No hot r ganz andre Sorga
Ond er sait: »Omale, witt
Mr net saga, wo dia Guatsla
Wieder mol vrschoba send?
I dät se so gern vrsuacha,
I ben doch dei Enklkend!«

»Noi, i sag drs net, du Lausbua!
Sonscht ischd am Chrischtdag nex meh do,
Doch i will dr a baar raus dua,
Zom Probiera, aber no
Gibt's nex meh bis Hoilig Obed,
Do kommt älles uff da Disch,
Ond no därf a jeder essa,
Bis r satt ond zfrieda isch!«

Ois, des solltescht nia vrgessa:
Wenn die Oma Guatsle bachet,
Guatsla sollsch bloß so viel essa,
Dass se dr koin Kummer machet!

Heidi Ruff schreibt zu diesem Gedicht: »Als Kinder halfen wir selbstverständlich und gerne, wie alle Kinder, beim Gutslesbacken. Wir hatten eigene Backbrettchen, kleine Wellhölzer und kleine Ausstecherförmchen. Die Teigreste wurden schnell in den Mund geschoben und manchmal war es auch bei uns zu viel des Guten. Das Versteck der Gutsle war uns meistens nicht bekannt. Dabei schmecken sie doch vor Weihnachten viel besser ...«

Friede auf em Brötlesteller

Marlies Grötzinger

»Heiliger Antonius, seelagueter Ma, führ mi doch zu dem Schächtele na«, betet d Anna, solang se d Trepp en d Bühne naufgsteigt. Dr »Schlamperdone« isch a Leaba lang Moddrs Nothelfer gwea ond weil d Anna scho fascht s ganz Haus auf da Kopf gstellt hot, ohne dass se Moddrs Schachtel gfonda hot, probiert ses selbr aus.

Ond tatsächlich: Kaum doba sieht se scho den hellbrauna Babbadeckel ond loht en Juchzger naus. Mit em Ärmel wischt se da Staub weg ond macht d Schachtel auf: Do lieget se, dia Holzmodel, mit dene wo d Moddr ond scho d Großmoddr jeds Johr ihre Sprengerla gmacht hand. Quadratische ond langlächte Forma mit Bloama- ond Pflanzamotiv, mit Vögel, Keezla oder Chrischtbäum drauf. Dia hot d Anna gsuacht, weil se des Johr selber Sprengerla macha mecht – s erschte Mol, ganz alloi.

Birnbaumholz, denkt se ond nemmt sachte oin Model en d Hand.

»Oh, der hot jo Bsuach, do isch jo dr Wurm denn«, stellt se seufzend fescht, wo se dia viele kleine Löchla entdeckt. Au a modriger Gruch steigt ihra en d Nes: »Meichdala duet er au! Oh jemineh, dea ka ma en koin Doig meh neidrucka.« Enttäuscht legt sen wieder zu de andere en d Schachtel nei – alle sehet gleich mend aus.

Obwohl d Adventszeit bald kommt, isch dr Anna so gar it noch Advent ond Weihnachda. »Sobald i da Fernseh oder s Radio eischalt oder d Zeidong aufschlag, hör ond sieh i bloß Krieg ond Elend ond Not! De ganz Welt isch hendrafier ond iberzwer. Do vertloidet oim doch s Fescht«, jomeret se an ihren Ma na. »Wie sollet mir eis do auf's Chrischtkend fraia? I möcht huier Weihnachtsbrötla bacha – wia sellamol als Kend mit dr Moddr. Vielleicht kehrt jo noch dr Weihnachtsfrieda ei.«

D Anna loht it luck ond iberlegt, wo se seddige Model herbrenga könnt. Se gucket em Internet, de halb Nacht lang hocket se vor dera Kischta ond gucket alle Motive dure, bis se schließle dia fend, wo se gsuacht hot. Dia bschtellt se au glei, insgesamt drei. Bis des Päckle do isch, hocket se wieder vor da Compiuter na, vergleicht Sprengerlesrezepte ond studiert alle Tricks von dene Bäcker. S Wichtigscht sei, dass d Sprengerla Fiaßla krieget. Den Satz hot se no von ihrer Moddr em Ohr. Oine schwöret drom auf Hirschhornsalz, andre auf Backpulver. D Anna kauft boides ond verbobberet schier, bis dr Poschtbot kommt.

Endlich hält se ihre nuie Model en dr Hand ond strahlt ibers ganze Gsicht. Glei legt se a CD mit Weihnachtslieder ei ond zieht sich zruck en d Kuche. Ma ond Kendr derfet beim Bacha weder helfa noch zuagucka. It amol a Versucherle krieget se, obwohl dr siaße Duft vom Anis durs ganz Haus wodlet.

»Des isch a Iberraschong!«, sait se bloß.

Endlich isch dr erscht Advent do ond d Anna präsentiert stolz en Teller mit ihre erschte selber bachene Sprengerla. Ihrer Familie fallet schier d Auga raus ond des itamol weaga de Fiaßla, wo alle Sprengerla hand, sondern weges de Motive. Settige Abbildunga auf Sprengerla doba hand se no nia gseah: Oine hand da Davidstern oba drauf, andre a Kreuz ond wieder andre en Halbmond. Alle drei Symbole von de Weltreligiona lieget beianander, neabrananander ond aufanander en oim Teller denna.

»Grad z schad zom Aufessa«, moint dr Babba ond nemmt sei Frau en Arm. »Was koiner von dene mächtige Herra auf dera Welt nabrengt, eiser Mama hot's kenna: Chrischta, Juda ond Moslem sand em Frieda vereint auf eisrem Brötlesteller.«

»Ond glei au en meim Maga«, juchzget dr Jüngschte. Der klei Lausbua schnappt sich glei s gröschte Sprengerle, gucket gar it, was drauf isch, ond beißt ibermütig nei.

Gleichsam charmant wie wortgewandt, ist die oberschwäbische Mundartautorin **Marlies Grötzinger** (*1959) aus Burgrieden ein echter Publikumsmagnet. Sie schreibt und erzählt nicht nur in ihrem Dialekt, sondern bietet seit Jahren schon erfolgreich Integrationskurse an: »Schwäbisch für Zuazogene«. Ihre Texte finden sich in zahlreichen Anthologien. In einem ihrer Mundartbücher belegt sie nachhaltig die These: »Dr Urmensch hot schwäbisch gschwätzt.«

Bsoffener Schdolla

Anonym

Du brauchsch

Oi Tass Wasser
Oi Tass Zucker
Oi Tass brauner Zucker
Oi Oi
Nomol drei große Oier
En Budder
Zwoi Tassa trocknete Fricht
Oin Teeleffl Backbulver
Oin Teeleffl Salz
Oi Handvoll Niss
Oi Zitron
Ond oin Liter Williams

So gohts

- Zerscht probiersch den Willy ond iberprüfsch so dem sei Qualidäd.
- No nemmsch a große Rihrschissl ond duasch den Budder nei.
- Etzt probiersch nohmol den Willy ond basch uff, dass er emmer noh guat isch. Mach do drzua oi Tass ebavoll ond trink se aus.
- Des wiederholsch glei nomol ond trinksch auf gutes Gelinga!
- Schalt da Mixer ei ond schlag en dr Rihrschissl den Budder windelwoich. Noh duasch oin Zeffl Lucker drzua.
- Jetzt prüfsch, ob dr Williams no en Ordnung isch.
- Mix da Schalter aus!
- Brech zwoi Oier, ond zwar in dui Schissl.
- Hau dia schrumpelige Frichtle mit nei!
- Malt da Schixer a.

- Schütt oin Backlöffl Teebulver drüber. Wenn des blöde Obscht em Trixer stecka bleibt, löschs mit ma Traubaschieher.
- Überprüf da Lilliwams uf sein Konsischtenzzzz …
- Jetzt keisch dui Tizron en da Hixer und drücksch deine Niss aus.
- Schmeiß oi Tass drzua!
- Zucker, älles, was du no hosch … nei drmit!
- Dia Williamsflasch asetza ond dra nuggla.
- Jetzt fettesch da Ofa ei. Dreh en um dreihondertfuffzig Grad.
- Schlag uf da Wixer, bis er ausgoht.
- Werf dia Rihrschissl aus em Fenschter ond überprüf da Gschmack von dem ibriga, abgschtandena Liwwiams. Gang ens Neschd ond pfeif uf den Schdolla!
- Frehliche Weih – heieiei – nachda ond Prosit Neijohr! Guat Nacht!

Anonym em Netz gfonda, in diverse Versiona (Truthahn mit Ramazotti, Whiskystollen), ens Schwäbische ibersetzt vom Edi – hicks! – Graf.

Weihnachtsbäckerei

Eduard Mörike,
schwäbisch von Edi Graf

Mandla z erschda, rot i dir,
Nemm drei Pfond, am beschda vier
(Im Verhältnis noch Belieba);
Dia wend no als nägschdes gschtoßa
Ond mit ganz normalem Rosa-
Wasser sauber abgerieba.

Ufs Pfond Mandla nemmsch jetzt grad
Drei Vierling Zucker akkurad,
Der kommt noh en da Mörsel nei
Ond durch en Hoorsieb schwingsch en glei!
Etzt machsch du dich in deiner Kuche
Noch ema ird'na Gfäß auf d Suche –
S ka oifach ao a Kachel sei –
Uf älle Fäll so guat wie nei!

Do nei konnt jetzt dr ganze Plonder,
No legsch frische Kohla dronder.
Ned ufhaira hoißts jetzt mid Rühra
Du muasch a dicke Masse spüra!
Isch no oi ganze Schtond vorbei
Ond bleibt an de Finger von dem Brei
Koi Muggaseggele maih hanga,
Ischs guat. Sonsch kasch vo vorn afanga.

Jetzt aber leersch du des Gebrodel
Bloß en a Schissl (doch weil mir
Der Reim isch wichtiger als dir,
Will i schtatt Schissl jetzt a Model –
Do ka der Bäcker nix drfir).

Und in den Model drücksch es du
Ond läsch es no oi Nacht en Ruh,
Erscht no wird's knetet Schtück für Schtück,
Ond ausgwellt, ned mol fingerdick.
(Schtreu uf da Doig jetzt ned z viel Mehl,
Je weniger, je meh wird's gäl.)
Jetzt prägsch dia Forma: Stern ond Herz,
No geh'n dia Breedle ofawärts,
Wo scho dr Bäcker warta duat
Ond Obacht gibt uf Hitz ond Gluat,
No werdet se schö gäl ond guat!

Eduard Mörike wurde 1804 in Ludwigsburg geboren. Der schwäbische Dichter und Erzähler, der in Stuttgart das Gymnasium besuchte, das evangelische Seminar in Urach und in Tübingen das Stift, war im »Brotberuf« evangelischer Pfarrer. Er starb 1875 in Stuttgart. Mörike notierte als Nachschrift zu diesem Gedicht, das unter dem Titel »Frankfurter Brenten« bekannt ist:

»In Schwaben hab' ich mit dem Rezept
Noch überall viel Ehre erlebt:
Die guten Frauen lesen's gern
Und ihre Männer äßens's gern.«

S bescht Hutzlabrot

Bruno Gern

S bescht Hutzlabrot vo r ganza Welt –
Dr brauchet gar it lacha!
(Des ischt vo jeher schao so halt),
S bescht Hutzlabrot vo r ganza Welt,
Des duet mei Muetter bacha.

Koi so an pfletschta Dinger do,
Koi so an dotschta Kuacha,
Stoiheet, verkleischteret und gro,
Wo ma it woißt, was ischt und wo
Ma d Hutzla muess drin suacha.

Noi des Brot, wos beir Muetter geit,
Des hot sei bsonders Weasa,
Drum duet se ao it aischt wenns schneit,
No wäger, lang schao vor dr Zeit
Des Zuigs drzua vertleasa:

Dia Zwetschga und dia Biaraschnitz,
Duets dörra und duets broota
Em Ofa und e r Sonnahitz,
So saftig, wias mei Wunderfitz
Ka gar nia reacht verroota.

Sechs Däg voar Chrischtnaacht woicht se s ei
Und riicht ao jetzt aheba
Da Doig, nimmt drei Zitrona drei,
An Schnaps, an Hagabutzawei,
Nusskeana und Zibeeba.

Wenn noch e r heilga Naacht schao früah
Wiad d Schrecke wieder glitta,
Und ällz sich freut drauf, wia suscht nia,
Duet d Muetter s Loible vüre ziah,
Wiads Hutzlabrot agschnitta.

Pfletscht könnte man mit platt und *dotscht* mit matschig, übersetzen; absolut undenkbare Zustände beim Früchtebrot. *Gro* heißt grau, *wäger* wahrhaftig, *aheba* allmählich. *Wonderfitz* ist die Neugierde. *D Schrecke läuta* meint das Glockenläuten am 24. Dezember um fünf Uhr, alle Glocken fallen ein.

Es klopft, es klopft

aus dem Allgäu

Es klopft, es klopft, mach auf dei Haus!
Luag, bettelarme Leut sind drauß.
Lass s gwärma an deim warma Herd,
Bis dussa s Weatr linder weard.

Es klopft, es klopft, gang lass halt rei!
Am End könnts Christkind selber sei.
Dös probat diamol bei de Leut,
Obs au no guate Seala geit.

Es klopft, es klopft, loos doch und gang!
I moi, i hear scho Engelsgsang.
Des heilig Kind will zua dir nei
Und bei dir Gascht und Heiland sei.

Dieses Gedicht, das im Allgäu mit einer einfachen Melodie als Heischelied gesungen wurde, greift in der ersten Strophe den Klopferbrauch auf und tut dann kund: »s goht uff Weihnachda zua«, und somit sind wir im Advent …

Mir saget ui a da liabe Advent

Mir saget ui a da liabe Advent

Maria Ferschl,
schwäbisch von Josef Schaut
und Uta Großmann

Mir saget ui a da liabe Advent,
Gugget, wias erschte Kerzle brennt.
Wenn koiner meh Zeit hot, älles bloß rennt,
Wissa mers: Etz isch Advent!
Loset ihr Chrischta, kommet zur Ruah,
S goht uff Weihnachda zua.

Mir saget ui a da liabe Advent,
Gugget, wias zwoite Kerzle brennt.
Mir brauchet d Liab wias täglich Brot,
D Welt leidet do dra große Not.
Loset ihr Chrischta, kommet zur Ruah,
S goht uff Weihnachda zua.

Mir saget ui a da liabe Advent,
Gugget, wias dritte Kerzle brennt.
D Liab isch doch meh wert als älles Geld,
Zoigts älle Menscha dr Welt!
Loset ihr Chrischta, kommed zur Ruah,
S goht uff Weihnachda zua.

Mir saget ui a da liabe Advent,
Gugget, wia s vierte Kerzle brennt.
Der Herrgott will komma, en unser Herz,
Will doch vertreiba da Schmerz.
Loset ihr Chrischta, kommed zur Ruah,
S goht uff Weihnachda zua.

Maria Ferschl (1895–1982), die Autorin des bekannten Adventsliedes »Wir sagen euch an den lieben Advent«, übersiedelte 1944 aus Österreich ins oberschwäbische Riedhausen. Dort entstand der Text zur Melodie von Heinrich Rohr, uraufgeführt 1954 in dieser Gemeinde. Das Grab Maria Ferschls findet sich auf dem Friedhof in Bad Saulgau. Seit über 30 Jahren ist **Josef Schaut** aus Fronreute Mitherausgeber des mehrfach preisgekrönten Oberschwäbischen Kalenders. In der 29. Ausgabe (2015) beschrieb er nicht nur die schriftstellerische Tätigkeit der Wahloberschwäbin Maria Ferschl, sondern gab die erste Strophe ihres Adventsliedes in schwäbischer Mundart als Anregung vor. Zahlreiche Reaktionen zeugen davon, wie ansprechend dieses innige Lied ist. Eine schöne schwäbische Version der Verse 2 bis 4 stammt aus der Feder von **Uta Großmann** aus Uttenweiler.

Airschder Advent

Rudolf Weit

Koi Bleamle blüaht em Garta meah.
Kaum, dass a Vogelliad noh schallt,
Wann überall en Feld ond Wald
Aufs Erdreich fällt dr kalde Schnea.
So still ischt d Welt ond ohne Glanz,
Viel Zweigla starret dürr ond kahl,
Schwer treibet d Wolka, grau ond fahl,
Als gängs zum Doatadanz.

Drom wurds en osre Herza dren
So traurig zmol ond sorgaschwer.
Dr kurze Dag, an Hoffnung leer,
Vrtreibt da froaha Senn …
Doch gugg! A Liachdle leuchdet hell,
Wia warm r ischt, sei klarer Schei!
Ond wia n r strahlt en d Herza nei,
Drom freu de wieder – schnell!

Dees Leuchda gilt für jederma –
Für di ond mi, ob arm, ob reich,
Für älle Menschakender gleich
Fangt nui a Hoffa a …

Kleine Sprachkunstwerke, perfekt in Reim und Versmaß, schaffte der 1910 auf der Schwäbischen Alb geborene **Rudolf Weit.** Als Schulmeister lag ihm vor allem die Sprache seiner schwäbischen Heimat auf der Ostalb sehr am Herzen. Mehrfach ausgezeichnet, veröffentlichte er seine schwäbischen Gedichte in mehreren Büchern.

Dezember

Mündlich überliefert
von Andrea Röhm

Wenn s amol am halber Feife obends scho fangt s donkla a,
Wenn mer en dr Ofakachel brotne Äpfel fenda ka;

Wenn en älle Eck ond Enda Vaddr, Muader, s Kend ond s Gsend
Ebbas z duschlet, ebbes z baschtlet, ebbas zum verstecka hent;

Wenn amol trotz äller Müade d Muader morgends noh bei Nacht
Uffstoht ond scho vor am Kaffee fuffzeah Blech voll Guedsle bacht;

Wenn dr Fritz, dr Schorsch, dr Gustel, s Mäxle ond dr Karlema,
D Liesl, d Gretel, s Dorle, s Paule nachts dr Schlof net fenda ka;

Wenn amol dr arme Vaddr älle Leit em Weg rom stoht,
Dass er schließlich rat- ond hilflos obends an dr Stammdisch goht;

Wenn d kloi Trudel am Klavier bloß no übt dia »Stille Nacht«,
Bei dr hondertscht Wiederholung no dr gleiche Fehler macht;

Wenn s überall noch Tanne dufdet, wo de nakommscht weit und breit,
Wenn d Stubatür verriegelt ischt – no isch dr Chrischtdag nemme weit!

Andrea Röhm aus Hittelkofen bei Bad Waldsee schwelgt in Erinnerungen, wenn sie von ihrer Oma Emma aus Derendingen bei Tübingen erzählt. Zum lieb gewonnenen Ritual in der Vorweihnachtszeit gehörte das »Brödla backen« in Omas Küche. Oma Emma »sang« dabei gemeinsam mit ihren Enkeln dieses Dezembergedicht, das über diesen mündlichen Weg erhalten blieb. Unklar ist, von wem der Text stammt. Vielleicht von Oma Emma selbst?

Draußa am Fenschter

Alwin Blersch

Draußa am Fenschter ischt a Johr wieder vorbei,
S war von allem wieder ebbes drbei –
Freud ond Ärger ond d Moinung: s müaßt vieles no sei –
Doch draußa vor em Fenschter ischt a Johr ganz leise vorbei.

Draußa am Fenschter ischt a Johr wieder vorbei,
I kanns it glauba, des ka doch gar it sei –
Wa sott i no alles macha, i schaff doch scho bis en d Nacht nei –
Doch draußa vor em Fenschter ischt a Johr ganz leise vorbei.

Draußa am Fenschter ischt a Johr wieder vorbei.
Lebkucha ond Brötla backa – Adventskranz ond Christbaum
Oh wia fei – des alles sagt mir:
Draußa vor em Fenschter ischt a Johr ganz leise vorbei.

Als Buchautor, Maskenschnitzer und Häsmaler fühlt sich **Alwin Blersch** (*1953) seiner Heimat Herbertingen eng verbunden. Der Sonderschullehrer gilt als wahrer Tausendsassa, engagiert sich ehrenamtlich, ist gefragt als launiger schwäbischer Erzähler und als Fachmann für oberschwäbische Geschichte. Er gründete eine Trachtengruppe und musiziert selber in der von ihm ins Leben gerufenen, alljährlich stattfindenden adventlichen Hohstube.

Weihnächda zua

Korbinian

D Nächt, dia wearet allet länger,
D Leit hands jeden Dag no strenger,
Kinder zapplet scho vor Freid:
In ra Woch isch es so weit!
Leckerle und siaße Sache
Und an Kuecha mueß ma bache,
Firs Mariele sott ma gau
D Puppakuche richte lau …

So a Wocha isch fei kuz;
D Sepha braucht a nuia Schuz,
Fingerhändsche fetig stricke,
Taschatiachlessäumle sticke …
Scho am Morga goht es a,
Weil ma it verkomma ka:
»Hechschte Zeit isch in d Rorate –
Stand it rum – hosch dei Laudate?«

Und so gohts von friah bis spät.
Wenn man no scho gmetzget hätt!
Auto wäscha, no dia Woche,
Garage aufräume, d Frau sott koche!
Alls auf oimol kutt meh zämet
Und dr Kneacht, der breicht a Hemed!
D Muetr sait zur Benedikte:
»Bringscht vo Kempta no am Mikde
Fir de Bauer und de Mate
Nuie Sechsaseachzgerkate!«

Und a Beimle sott ma hole,
Ma hot d Zeit doch au it gschtohle!
Kinder blättret im Kalender,
D Muetr suecht de Chrischtbaumständer,
S Fränzle froget in oim futt,
Ob dr Klos it nomol kutt?
D Sepha strickt an Vatters Stutze
Und am Freitag mueß ma putze,
D Moni will a Buech mit Gschichte,
S Beimle sott ma au no richta,
Dr Chrischtbaumständer sott ma schmiera
Und dia Gschenker zämetschniere!

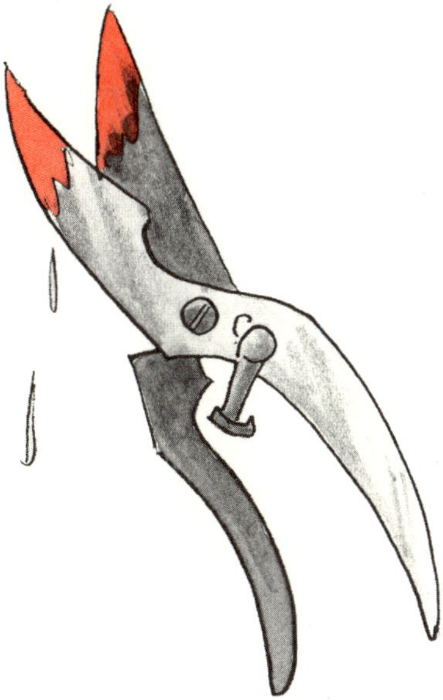

»Hot dear Ma dia Gans scho gholet?«
»Sind dia Sonntagsschueh scho gsohlet?«
»Sind dia Laible no im Rohr?«
Von dr Krippe fehlt dr Mohr
Und dr Esel hot koin Kopf –
Morga bachet mir de Zopf,
Vaters Kräge mueß ma stärke –
Und so goht es an a Werke:
Alls isch außer Rand und Band –
Isch doch dös a Duranand!

Keiner verstand es wie er, die Allgäuer Seele in Worte zu fassen. Unter dem Pseudonym **Korbinian** hat der gelernte Bankkaufmann Karl Fleischhut (1919–1980) seine Gedichte veröffentlicht. Heute als hintersinniger Allgäu-Poet geschätzt, hatte er kein einfaches Leben. Das Kriegsgeschehen hat ihn aus dem Gleichgewicht gebracht, aber auch seine Sinne geschärft. Über seine Tätigkeit in der Allgäuer Tierzuchthalle hatte er viele Kontakte zu bäuerlichen Familien, deren poetischer Chronist er wurde. Die Benedikte soll übrigens am Mittwoch, am *Mikde,* die Sachen in Kempten besorgen.

Advendszeit

Maria Heyer

Sternle strahlet
Etzt om d Wette,
Kinder hört ma lacha,
Zeltahäusle,
Dannazweigle,
Lauter scheene Sacha.

Lichtla leichtet,
Glöckle klengat,
Glückwunschkärtla selbergmacht,
Alles wartet uff dia Nacht,
Wenn se senget überall
Von dem Kendle en dem Stall.

Maria Heyer arbeitet mit erwachsenen behinderten Menschen in Weingarten. Sie hat Pädagogik, Theologie und Englisch studiert und schreibt seit vielen Jahren.

Frei de heit

Bernhard Bitterwolf

D Adventszeit isch jo jeds Johr gleich: Ma hetzt von oinr Besinnung zur nächschta! Kaum Zeit zum Verschnaufa, d Nerva lieget blank, alle sind greizt und ganget sich, wenns goht, ausm Weag.

An sellem Morga hon i beim Frühstück a bissle mit meinra Frau zerflet, ich woiß scho gar nemme warum, bin dann ausm Haus und zua meim Auto gloffa. Mi hot schier dr Schlag troffa, wo i scho vo weitem gsäah hon, dass en Zettel unter meim Scheibawischer bäbbet isch. Des darf doch it wohr sei, scho wiedr en Schtrofzettel, war mein erster Gedanka – mein Bluatdruck isch sofort wiedr in d Höhe gschnellt!

Abr noi, des war koin Schtrofzettel: Auf dem Blättle war a Melodie notiert, mit ma Text; und a Zoichnung von de Heilige Drei Keenig war au drauf. Und dia drei Heilige hond vielleicht ausgseha! Alle drei waret a bissle verratzt azoga, dia Krona send schepps auf de Häupter ghanget, alle drei hont trotz ihre runde Bäuchla en abkämpfta Eidruck gmacht, oinr hot a riesige Knollanas mittla em Gsicht ghet – aber alle drei hond gstrahlt und glachet übers ganz Gsicht!

Gsunga hont se:

»Frei de heit,
Sonsch hosch du morga
A oagnehms Geschdern!«

Wo i des glesa und dia Nota aguckt hon, hot sich dia Melodie glei en meim Kopf feschtgsetzt ond i hon au a ganz broits Schmunzla em Gsicht ghet. Im Büro hon i noch des Blättle a baar Mol kopiert und meine Kollega hälenga auf d Schreibdisch glegt. Plötzlich war überall a Kichra, Lacha und Summa zum höra. Alle waret ganz entspannt, hont mitanand gschwätzt und immer wieder hont a baar versuacht, den Kanon mit dem netta Text zum singa.

Obends hon i dann weitere Kopia von dem Blättle bei de Nochbr en d Briefkäschda gschmissa und undr alle Scheibawischr von de Fahrzeug en meinra Schtroß hon i au solche Zettel klemmt.

I ka eich saga, des war a Freid! An de nächsta Obend hont d Leit sich gegaseitig bsucht und immer wiedr gfroget, woher des Bildle mit dem Liad wohl schtammt. Ma isch zammaghocket, hot a Viertele mitnand drunka und öfters war duassa auf dr Gass dia Melodie zum höra.

Mit so ra Kleinigkeit kasch de ganz Stimmung inna andre Richtung lenka. So entspannt war d Adventszeit en de Johr vorher nia. D Leit hont scheints scho a Sehnsucht noch Ruha und noch Freid.

Probierets oifach mol aus! So en kloina Zettel, en kurza Brief mit was Nettem drauf ka echt a klois Wunder verursacha!

Äll Johr wieder

Erwin Haas

Gugg doch, wia dia
Wolka ziaget,
Grau en grau
Isch oser Welt.
Bloß oimol
En dr Weihnachdszeit
Wird's iberall
A bissle hell.

Erwin Haas (1926–2014) wurde in Albershausen bei Göppingen geboren und arbeitete als Maschinenbautechniker. Anfang der 1950er-Jahre entstanden seine ersten Verse und 1976 brachte er seinen ersten Mundartband heraus. 1983 erschien das Buch »Ällaweil gradraus«.

Lausbuaba-Advent

Walter Eberle

»Iatzt isch aheba Zeit zum Loibla bacha!«,
Hauni zu meinr Muadder gseit;
Beim Nochber sei ma scho so weit.
Iatzt isch aheba Zeit!

Iatzt isch aheba Zeit zum Krippa richta!
An nuia Josef muaß ma kaufa,
Den hanne zletscht vom Tisch nakeit.
Iatzt isch aheba Zeit!

Iatzt isch aheba Zeit zum Gschenker bsorga!
Bloß, in der Sparbix isch nix din.
Ob mr dr Vadder ebbes geit?
Iatzt isch aheba Zeit!

Iatzt isch aheba Zeit, dass d Schual aus isch!
I mag scho nix meh do!
Do, guck naus, wias all Dag schneit.
Iatzt isch aheba Zeit!

»Iatzt wärs aheba Zeit zum bräver wera!«,
Sait d Muadder jedn Dag zu mir.
»Sonscht, Bürschle, hosch umsonscht di gfreit!«
Amend isch doch aheba Zeit …?

In seinem Lausbuaba-Adventsgedicht verwendet **Walter Eberle** den selbst in der heutigen Allgäuer Mundart kaum mehr gebräuchlichen, aber gerade deswegen wertvollen Ausdruck »aheba« für bald, höchste Zeit oder naheliegend.

S goht Weihnachda zua

Hannes Birkle

Wenn d Kinder jetzt d Näsle ans Schaufenster drucket
Und d Mädla noch Puppa und Stubena gucket,
Wenn d Buaba vo Auto und Eisebah traimet
Und über dem Traima gar s Rechna versaimet,
Wenn d Mama na bachet und d Brötle verstecket
Und Große und Kloine am Doighafa schlecket,
Wenn alles sich frait und recht heimlich will dua –
No woiß ma jo gnau: S goht Weihnachda zua!

Wenn d Vädder voll Eifer im Keller was bäschtled
Und obends noh spät auf em Dachboda neschtled,
Wenn s schättert und rättert und säget und klopft,
Und d Farb, was se it sott, vom Pinsel naatropft,
Wenn s überall duftet noch Guetsle und Nussa,
Wenn s köbelig duat, wia im Himmel vordussa,
Und wenn s a weng still wird und Kerzalicht geit –
Dann isch dr Hoilig Obend jo gar nemme weit.

Wer möcht do it singa von Frieda und Glück?
Mir denket so gern ans Vergangene zrück,
Und jeder möcht näher zum Nägschda narucka
Und herzlicher sei und freindlicher gucka.
Ob Alte, ob Junge, ob Mädla, ob Bua –
Se freiet sich alle: S goht Weihnachda zua!

Als heimatverbundener Lehrer kümmerte sich **Hannes Birkle** aus Friedrichshafen um die Geschichte der Bodenseeregion. Neben wissenschaftlichen Veröffentlichungen schrieb er auch Liedtexte und Gedichte, bevorzugt in Mundart.

Dr kloine Chrischdbaum

Willy Stöhr

Es sind viel Bäum im Wald vorhanda,
Se schtandet weiß voll Schnee beinand.
Oi klois, ganz jung, ischt au dogschtanda,
So oischicht grad am Waldesrand.
Dr Wind blost kalt oim um d Ohra,
Dia große Tanna lachet bloß:
Der kloine Scheißr ischt vrlora,
Der wird sei Leabtag nieamols groß.

Au dr Förschtr ischt der Asicht
Und luaget schepps des Tännle a.
Er hegt au scho a böse Absicht –
Zum Glück kommt grad dr Weihnachtsma.
Der sait: Des Bäumle ischt für mi,
Des gibt für mi en Chrischdbaum ab.
Es bringt an Weihnachd Harmonie
In jede Schtub landauf, landab.

Bei Leit isch scheinbar wie bei Tanna:
Au kloine kommet denn zur Ehr,
Wenn oim helfet Weihnachdsmanna –
Des ischt für unsrois a Lehr!

Ursprünglich hatte der Bad Waldseer **Willy Stöhr** (1923–2008) Textiltechniker gelernt und dann später umgeschult auf Krankenpfleger. Seine ganze Leidenschaft galt aber der Dichtkunst, vor allem in Mundart. Bei Jahrgänger- und Familienfeiern glänzte er mit seinen treffenden, auch nachdenklich stimmenden Texten.

O du scheene Weihnachdszeit

Evelin Nolle-Rieder

D Ferien send erscht grad reacht vrbei,
D Kender scho wieder em Schualschtress gsei,
Doch ischt mei Urlaubsgfühl uff oin Schlag weg:
Vor dr Kassa stoht dr erscht Weihnachdsschleck!
Ond i kriag schier Augakrebs ond Gliederschmerza,
Sieh i em September gfüllte Lebkuchaherza!

Weihnachdszeit, oh du scheene Weihnachdszeit,
Wenn jeds Heckle glitzert, ond es Palmkätzle geit,
Älles funklat beim Nochber, bis as ihm oine denglet,
Ond s Wichtigscht ischt, dass d Ladakassa fescht klenglet.

Aus de Lautsprecher dröhnt dumpfes Hum-ba-ba-ba,
Em Regal drzua bayrisches Sauf-Fescht-Tra-la-la.
Ond glei do drnäaba – i kas jo kaum glauba –
Do trau i fier wirklich schier it meina Auga:
Halloween-Deko ond au gruslige Sacha
Ond em Agebot Ausstecherle, zum selber bacha!

Weihnachdszeit, oh du scheene Weihnachdszeit,
Wenns en jedem Lada so tolle Schnäbble geit.
Am Weihnachdsmarkt send se beim Kollektiv-Saufa,
Ond wer will, der ka ao no Gschenkle kaufa!

Äll Häck ischt jetzt wieder a andere Feier
Ond manches Gschenk für mei Budget viel zu teier.
Bei dem Stress wett i etzt wirklich vrdlaufa
Ond am liabschda grad nearmaeds irgendwas kaufa.

Ma sodd viel spenda, ond ao an d Flüchtleng denka,
Us am Kripple raus sieh i s Chrischtkendle wenka.

Weihnachdszeit, oh du scheene Weihnachdszeit,
Wenns siaße Bredle ond an guate Broda geit,
Jedes Johr nervt me älles a wengle meh,
Doch hinterher sait ma: »S war doch wieder schee!«

Mit großer Begeisterung liest und singt **Evelin Nolle-Rieder** ihre selbstverfassten schwäbischen Texte vor geneigtem Publikum. Gleichzeitig betreut sie mit viel Herzblut die Kleinkunstbühne K3 in Winterlingen bei Sigmaringen. Auftritte dort dienen nicht selten als Sprungbrett auf die großen Bühnen im Land.

Freu de – s isch Weihnachdszeit

Hans-Ulrich Pohl

Mensch, jetzt wars doch erscht Auguschd,
Ond i griag scho dr erschte Fruschd,
Denn em Lada standet domm
Scho dia Weihnachdsmänner rom!
Draußa isch a Bullahitz,
Du denksch, do brauchsch noh lang koi Mütz,
Doch wo da nagucksch – s isch a Graus,
Stellt mr d Schiklamotta aus!

Ond em Oktober ganget dann
Scho d Lichterketta obends an,
Baumarkt – Chrischtschtern-Invasio
Es dschingelbellt, so hört mr scho,
Freu de, freu de, freu de heit,
Freu de, weil s isch Weihnachdszeit!

Ond bei über zwanzig Grad
Schtandet Weihnachdsbäum parat.
Bei Glühwei' ond ma Hutzelbrot
Verschmachtesch schier, griagsch Atemnot.
Oms Nomgucka isch dann Advent,
Zwoi Kerzla send scho nonderbrennt.

Dia Wunschzettel send übervoll,
Mr woiß net, was mr schenka soll.
Ond gang i ens Schtädtle heit,
Noh hots do sicher tausend Leit,
A Gewusel ond a Hatz
Ond was da kaufst – des isch für d Katz!

Bis kurz vor knapp wird dann noh geschafft,
Morga do isch »Heilge Nacht«.
Schnell d Lichterketta rausgekruschtelt,
D Birnla heh – ond ganz verwurschtelt.
Du wechselsch älle Birnla aus,
Ond schmeisch des Glomb zom Fenster naus
Ond du kaufsch, wie fascht all Johr,
Neue Ketta – s isch doch wohr!

Dr Chrischtbaum noh en Ständer gsetzt,
Der nodlet scho – s bressiert fei jetzt!
Halba he en d Kirch noh gschwend,
Ond die ganz Gemeinde sengt:
Freu de, freu de, freu de heit,
Freu de, weil s isch Weihnachdszeit!

Bescherung: Meter hoch s Babier,
Zerknüllt en Sack ond naus vor d Dür,
Em Bett send d Kender, Ruah em Haus,
Nauf auf s Sofa – d Hausschuh aus.
Am Chrischtbaum s letzte Kerzle brennt,
Ond zoigt, was mir vergesse hend:
Des Licht ond Liebe auf dr Welt,
Des isch doch, was ons älle fehlt!

Ond wenn mir mol ganz ehrlich send,
Do war doch ebbas, mit ma Kend,
Des Liebe ons auf d Erde bracht,
Damit dia Menschheit sengt ond lacht:
Freu de, freu de, freu de heit,
Freu de, weil s isch Weihnachdszeit!

Auch während des Staatsexamens als Diplom-Verwaltungswirt und des Jura-Studiums blieb die Musik die eigentliche Leidenschaft von **Hans-Ulrich Pohl**. Die Entscheidung, sich beruflich auf sie zu konzentrieren, war 1993 zukunftsweisend. Erfolgreiche Produktionen als Komponist, Texter, Verleger und Produzent folgten, sei es als musikalischer Leiter des »Theater Killesberg«, bei den Theatertagen auf Burg Hohenneuffen oder mit Kindermusicals und weiteren Musicalproduktionen, wie zuletzt 2010 »Barbarossa« in Göppingen. Schwäbische Mundart singt Hans-Ulrich Pohl mit dem »KAOS-plus-DUO«. Er lebt in Heiningen bei Göppingen am Fuße der Schwäbischen Alb.

Wo bleibt dia Schtimmung?

Marie-Luise Sprenger

Mei Weihnachdsschtimmung, s isch en Graus,
Fallt bis jetzt noh dürftig aus,
Weil noh d Gänseblümla blüaha,
D Vögl zwitschret in dr Früah
D Mucka danzet noh im Schwarm,
Kurzum, s isch oifach viel zu warm.

I mecht mi inschpiriara lassa,
Drum renn i mit dr Glühweintassa
Auf de Chrischtkindlesmärkt rum,
Dschingl Bells i leise summ,
Doch meinra Schtimmung hilfts it weiter,
Solang s so warm isch und so heiter.

Nochbers Haus erschtrahlt em Glanz
Mit Lichterketta, Firlefanz,
Do e Kerzle, det a Licht –
Des alles hebt mei Schtimmung nicht.
Solang Herr Winter sich it zeiget
Und d Tempratura allweil schteiget.

D Lichterketta loss i dinna,
Des gabs noh nia, i mag mi bsinna.
Schtattdessa ka i Kresse säa
Und noh amol da Rasa mäha.
Au s Bretla bacha fallt mir schwer,
Bis jetzt sind d Dosa all noh leer.

Bloß oi Woch noh bis zum Fescht,
Dia Hitz gibt mir noh voll da Rescht!
Doch es ka no viel passiera,
Drum dua i noit kapituliera.
Wia wars letscht Johr? In kurzer Zeit
Hots doch alles runtergschneit.

In oiner Woch ka viel noh gschea,
Obs d Schtimmung hebt? Des wird ma seah!

Marie-Luise Sprenger (*1946) aus Oberteuringen engagiert sich in Literaturkreisen, die sich mit Mundart befassen. Ihre Beiträge erlauben einen Einblick in die Alltags- und Sprachlandschaft des Bodenseehinterlandes.

Familiafeschd

Erika Walter

Im Advent bei Kerzaschei
Sitzt gmüetlich bei ma Gläsle Wei
A älters Ehepaar ganz stumm
Und boide treibt heit s Gleiche um:
Er leidet, doch sei Frau it minder,
Weil abgsagt hond jetzt boide Kinder.

Als Erschtes meldet sich dr Sohn –
Dr Vadder isch am Telefon –
Er könnt an Weihnachta it komma,
Hett kurzerhand sich Urlaub gnomma,
Ma wär jo s ganze Johr im Stress,
Grad müeßt r no auf en Kongress,
Er well s Geschpräch jetzt it verdiafa,
»Kurzum, mir gond uf d Malediva.
Mir wünschet euch a fröhlichs Fescht,
Machets euch gmüetlich, des isch s Bescht!«

Dr Vadder isch no ganz bedeppert,
Bis s Telefon scho wieder scheppert.
Desmol isch sei Dochter dra.
Se moint kurz: »D Kinder und dr Ma
Mechtet sich Weihnachtsstress erschpara
Und in d Dolomita fahra!«
Es sodd an Weihnachta jo schneia,
D Kinder dätet sich so freia.
Se kämet schbäter no vrbei,
Wenns halt emol grad bassa dei.

Zum Schluss wünscht se no ihre Leit:
»A wunderscheene Weihnachtszeit!«

Dr Vadder denkt bis schbät in d Nacht:
»Was hon i falsch im Leaba gmacht?«
D Muetter schluchzt: »s isch nemme schee«,
Do kommt em plötzlich a Idee …

Erscht rueft r a em Sohn ganz keck,
Der nimmt glei ab und und frogt voll Schreck:
»Vadder, isch denn was bassiert?
Mir hond doch erscht telefoniert!«
Dr Vatter moint drauf: »Wia ma's nimmt …«
Er sagt todernscht und au beschtimmt:
»D Muedder und i, mir lond uns scheida«,
Des losst sich leider it vermeida!
Mir hond uns ausananderglebt!«
Dr Sohn hört, wia sei Schtimm leicht bebt:

»Vadder, sei gscheit, des kasch it bringa,
Des schtimmt doch it, vor alle Dinga
Wars doch harmonisch s ganze Johr,
Vadder, sag, des sei it wohr!«
»Beim Awalt simmer au scho gwea,
der hot do koi Problem it gseha!«
»Vadder, Vadder!«, schreit dr Sohn,
Verrissa hots fascht s Telefon,
»Unternehmed nix, i fleh euch a,
Weil i jetzt grad it komma ka,
Doch an Weihnachta, vrschbrocha,
Wird in Ruh do drüber gschbrocha!«
A Schtund schbäter klinglets wieder,
S isch Dochter und dr Gatte Frieder.

»Was isch bloß in euch boide gfahra?
Den Bledsinn könnet ihr euch schbara!
Dr Brueder hot uns informiert,
Mit deiner Botschaft irritiert.
Machet bloß nix unbedacht!
Was hosch du mit dr Muedder gmacht?
Warum isch nix meh, so wias war,
Ihr waret doch a super Paar!
Ändret jo nix, s wird bloß minder,
Mir kommet an Weihnachta, mit de Kinder!«

Am Mittag schtoht s Essa auf em Disch
Dia Ruhe isch fascht trügerisch,
Do froget d Muedder neababei,
Ob heit en Aruef komma sei.
»Hedds fascht vrgessa«, sagt er drauf,
»An Weihnachta …«, ond schnaufet auf,
»Do kommet alle, samt de Kinder!
Statt Strand ond Südtiroler Winter,
Sind uf oimol d Eltern wichtig!«
Er grinst: »Vielleicht wars net ganz richtig …«
»Ach was«, sagt d Muedder, ond sie lacht,
»Jetzt wird se schee, die Heilig Nacht,
Was däd i, wenne di net hätt,
An Weihnachtda send mir komplett!«

Die gebürtige Ravensburgerin **Erika Walter** lebt heute in Tettnang und hat sich dort über Jahre vielfach ehrenamtlich engagiert. Eines ihrer Anliegen ist der Erhalt und die Pflege der Mundart. Ihre Gedichte sind oft autobiografisch angelegt und deshalb besonders authentisch.

S weihnachdet arg

Albin Beck

Advent.

Ruhe. Bsinnung. Selbstfindung. Hoißts.

Bei meim Weib fangt r scho am ersta Tag a, dr Bsinnlichkeitsstress: Kirchabazar, Adventsfeier beim Frauabond, bei de Ökumenische, beim Kirchachor ond beim Frauaturna. Noh Weihnachtdsfeira bei jenem Kreis ond bei sellem Kränzle, bei ix Verei, sogar bei dr Firma – s goht au ums Gschäft.

Se ka kaum ebba noi saga. Und am Schluss kommt se vor lauter Bsinnlichkeit nimme zur Bsinnung. So vill Bsinnlichkeit am Stuck ischt ugfähr so beruhigend wia a Techno-Party.

– Stille Nacht ... hoffentlich bald!

A guate Bekannte feiret Advent auf ihre Art. Se hot drei kloine Kinder. Am Samstag vorem ersta Advent stellt se a Kripple auf, mitm Stall, mit Berg und Seea, Häuser, Bäum und Viecher. Und mittladur führt d Stroß vo Nazareth noch Bethlehem.

Auf dera Stroß marschieret d Maria und dr Josef mit em Esel. Jeden Dag kommet se a Stückle näher ans Ziel. Jeden Tag gibt's a Mordsfest, wenn dia drei Marschierer wieder a Stückle vorwärts komma send und d Mamma a klois Gschichdle drzua verzehlt. Dia Kloine send ganz elektrisch und aufs Fernseha verzichtet se freiwillig.

Dia Kinder von heut sind natürlich aufklärt. Letzts Johr hot die kloi Viktoria, fünf Johr alt, kuuz vor Hoiligobend ganz geheimnisvoll gmoint: »Guck, Mamma, was d Maria scho für en dicka Bauch hot. Jetzt kas nimme lang ganga, bis s Christkindle kommt!«

Früher hot ma Weihnachda it so romantisiert.

Bsonders aufm Land. Do hot mr au ganz selbstverständlich da Christbaum gstohla. Oder saget mr: organisiert ... gstohla, ha komm ...!

An Christbaummarkt hots koin gea, und im Wald hots haufaweis Bäum ghet. S hot scho an oigana Scharm ghet und an Kitzel, des Christbaumstehla ... a bissle wia Wildra. Ganz legal ischs natürlich it gwea, aber au koi Verbrecha. Ums Himmels willa!

Und so isch ma halt so zwischa Dag und Siehsch-me-it ens Holz ond mit ma selber gschlagena Bäumle hoimkomma. Und dia, wo en oigana Wald ghet hend, dia hend ihre Bäumle halt beim Nochber gschlaga. Grad mit Fleiß! Schada hot ma koin gmacht, Ehrasach! Dr Schultes vom Nochberflecka hots amol beichtet. Also in dr Kirch. Do hot dr Pfarrer hinterm Vorhängle grinst: »Bürgermoister, Christbaum gstohla, Christbaum gstohla!« Vo do a hot er'n nimme gstohla. Zmindest hot er's nimme beichtet.

Heut kauft ma da Christbaum uf em Markt, wia Butzlomba oder Kloreiniger. Ganz oromantisch. Dia eigwicklete, schmalbrüstige Dinger lant am Steffestag scho d Nodla falla und an Dreikeenig spätestens musch en nauskeia, weil da bloß no an dürra Besa in der Stuba hoscht. Dia Konfektionsbäum send halt bloß Weihnachdsbäum oder Tannabäum ond koine Christbäum.

Viel wichtiger wia dr Christbaum ischt s Kripple gwea. Dees war Weihnachda, Christi Geburt. Mit am Kripple hot ma sich vill Arbeit gmacht. Wunderscheene biblische Landschafda hot ma modelliert. Mir hend alle mögliche Viecher am Kripple ghet: Esel, Kamel, Hund, Katza, Kiah, Schof, Goißa, an Elefanta und an dreifiaßiga Gaul.

Des mit dene drei Fiaß ischt a ganz myschteriöse Gschichd. Ama scheena Sonndigmorga ischt dr Gaul unterm Stubatisch glega. Schwer vrletzt. Anderthalb Meter weg vom Kripple. Sonscht ischt alles in Ordnung gwea. In dr ganza Stuba. Nix nagstellt, nix verändret. Alles normal. Koi Mensch hot sich den Ufall erklära könna. Alle waret ratlos. Zum Schluss hot mr mi verdächtigt. Aber i be's it gwea. Bestimmt it!

Wahrscheinlich hot dr Elefant den Gaul agriffa. Und der ischt in seiner Verzweiflung mit oim Satz unter da Disch gsprunga. Bloß so kas gwesa sei! Und den Riesasatz muss r irgendwie falsch berechnet hau. Jedafalls hot r bei dem Manöver an Holzfuaß vrlora. A Trümmerbruch. It zum operiera. Der arm Kerle! Und seit sellamol loinet r mit seine drei Fiaß am Kripples-Gartazau, Johr für Johr.

Nadierlich hend mir Weihnachda früher au kaum vrwarta könna, obwohls mit de Gschenk it weit her gwea ischt. I hau jedes Johr a Hemmed kriegt. Oi Johr für da Sonndig, no für da Werdig.

Aber uf d Brödla semmer nadierlich scharf gwea. Sellamol hots no it s ganz Johr Schoklad und Schleckzuig gea. Und Brödla erscht am Hoiliga Obed.

Dr Tante Dorle in Altsteußlinga hent ihre vier Buaba de meiste Brödla scho in dr Adventszeit ufgessa. Wo se's au vrsteckt hot, dia Lausbuaba hents gfonda.

Bis auf oi Mol.

Do hot se s absolut sichere Vrsteck ausgmacht: d Saukischda, des latschige Gstellaasch, in dem d Baura ihre jonge Saua auf da Markt brocht hent.

Saukischdlesbrötla!

Wia se gschmeckt hent?

Saumäßig guat!

Albin Beck, aufgewachsen in Sontheim zwischen Ehingen und Biberach, war bis zu seiner Pensionierung Direktor einer genossenschaftlichen Bank in Ehingen an der Donau. Er veröffentlichte diese Geschichte in seinem Buch »Jeden Tag stoht a Dummer auf«.

Kennet Engel fliaga?

Bernhard Bitterwolf

Zur Mama kommt dr kloine Bua,
A Frog, dia losst em gar koi Ruah:
»Du, Mama, kennet Engel fliaga?,
Vielleicht sogar au Kinder kriega?«

»Warum etz stellsch du mir dia Frog?
Weils Flieaga isch jo gwieß koi Plog
Für d Engel, weil se Flügel hend!
Etz kennsch dia Antwort, lieabes Kend!«

Dr Sohn drauf runzelt stark sei Stirn:
»Des will mir aber it ins Hirn.
Wia schtohts um unsre Küchahilfe Lotte –
Des isch jo gwies a junge, flotte!

Ka dia au fliaga, Mama, sag.
I des etz scho gern wissa mag!«
»Dummer Kerle, denk doch dra,
Ohne Flügel niemand fliaga ka.

Bloß Engelsflügel helfet schnell,
Will ma em Himmel weg von dr Stell.
Wia kommsch auf d Lotte, kloiner Wicht?
Komm, sags gradraus mir ins Gesicht!«

»Mama, geschdern hot dr Papa
Dr Lotte, hinterm Haus im Schatta,
Leise gsagt: Du bisch mein Engel!
Bin i etz en böser Bengel,

Weil i des ghört hon neababei?
D Lotte hot sich gfreit drbei!«
Entgeischderd guckt se a den Soh',
Etz kennt se wärle koi Pardon.

Drum sagt se ema raua To':
»Dann fliagt se – und zwar morga scho!«

Advent

Thaddäus Troll

– Bald isch weihnachta –
– eba –
– a schees fescht –
– scho –
– schiegar so schee wia mid dr frau schlofa –
– jo aber efter –.

Am erschta adfent
zendet r a kerz a

am zwoita adfent
schtoht r mit dr kerz
vor da schpiegel.

Helmes du entaklemmer
i woiß du gibsch gern ebbes
s isch dr bloß oms geld aber
etzt goht s uff weihnachta
ond do muaß ao so oiner
mit era p'häba schublad
wia du seine leit ebbes
zom chrischtkendle gä –
– ha moinsch dees tät i net?
mir schtech e a fässle moscht a
meiner Erna mach e a kendle
ond meine jonge
saich e a schleifez vors haus –.

Thaddäus Troll, als Hans Bayer 1914 in Stuttgart-Bad Cannstatt geboren, darf nicht fehlen, wenn es um schwäbische Mundart geht. Immerhin verfasste er die Klassiker »Deutschland deine Schwaben« und »Preisend mit viel schönen Reden« und gilt als einer der bekanntesten Mundartdichter und »schwäbischer Poet«. »Advent« überschrieb er diese Zeilen zu Weihnachten, etwas deftig, aber wie gesagt: Troll darf nicht fehlen ...

Feschtesfreide

Sketch von Häberle und Pfleiderer (Auszug)

Hermann Mauthe,
bearbeitet von Oscar Heiler

Häberle: Ja, ja, Herr Pfleiderer, in Ihre Auga ischt heit so ebbes – wisst Se – wie wenn Sie ein Hauch von Weihnachdsfreide verklärend geschtreift hätt!

Pfleiderer: Ach geh hör uf! Geschtreift! Mi hot iberhaupt nix – doch! Heit hot me oine gschtreift, uf dr Königschtroß, a Freilein, so oine zwischa vierzig ond fuffzig. Aber dass ich durch dia Rossmugga von dera verklärt worda wär – hano!

Häberle: Sie, vielleicht ischs die Vorfreide ufs Weihnachdsbrädle?

Pfleiderer: Aufs Richärdle?

Häberle: Aufs Richärdle, ja!

Pfleiderer: Ja, ja ...

Häberle: Ha ja! Den Sie zusamma mit meim so schee gmäschtet habet. Meim Guschdävle, wie en mei Frau so liebevoll tauft hat.

Pfleiderer: Guschdävle! Ha ja! Der geht mr vielleicht em Kopf rom ...

Häberle: Des glaub e eigentlich kaum, Herr Pfleiderer, dass Sie s Guschdävle interessiert, wo Sie doch selber s Richärdle habet. I erwisch me jetzt ao scho öfters bei dem Gedanka, wie des so isch, an Weihnachda, beim Hasabrota, Herr Pfleiderer!

Pfleiderer: S isch nemme wia friher ...

Häberle: Aber s war schee ...

Pfleiderer: Des ka oim kei Mensch meh wegnemma, was mr domols gveschbert hot ... wemmer so onder em Weihnachdsbaum ghoggt isch ...

Häberle: Bei dr Bescherung ...

Pfleiderer: Die Lichter hen ganz andres brennt wia heidzudag, meh Sauerschtoff wahrscheinlich ... s waret halt andere Zeita, d Leit waret andersch ...

Häberle: Ja, ja …

Pfleiderer: Ond dia Gschenkla …

Häberle: Ha ja …

Pfleiderer: Wo romglega sen, so … zom Omdauscha …

Häberle: Ja, ja!

Pfleiderer: Des Weihnachda, so schwers isch, hab i zu meiner Frau gsagt, net wohr: »Wünsch dir, was da widd, das Beschde von ällem!«

Häberle: Des isch aber edel, Herr Pfleiderer!

Pfleiderer: Jawoll! Dr Preis schpielt gar koi Roll! I hab gsagt, von mir aus kannsch en Nutriumbelzmantel oder so ebbes han …

Häberle: Natriumbelzmantel moinet Se!

Pfleiderer: Natrium? Nutria! Nutria hoißts doch! Herrgott – so ein saudommes Gschwätz!

Häberle: Nutriabelzmantel. Ja kennet Se sich so was leischta, Herr Pfleiderer?

Pfleiderer: Noi, des kann e net! Aber ich hab einen Trick, woisch: Ich versprech ra älles – net – und no schreibt ses emmer uf, und no vierzeah Däg vor Weihnachda merkt se, dass se a bissle ibertrieba hot, und letschten Endes isch se froh, wenn e ra a Zahbürschtle kauf, net.

Häberle: Ja, ja, ja.

Pfleiderer: Oder a baar so Karamehla … uf Kassarezept …

Häberle: Wisst Se, mit solche Tricks kennt i meiner Frau net komma!

Pfleiderer: Dia däd da Butza merka, ha?

Häberle: Ja, descht a Helle, wisst Se! Dera schenk i jetzt scho jahrelang emmer eine Kischte Heilbronner Riesleng!

Pfleiderer: Hoi, hoi, hoi!

Häberle: Den trink i nämlich so gern, wisset Se, hehehehehe! Ond no hemmer dieses Johr jo noh unser Guschdävle, des wird dr Feschtschtimmung dann no die letschte Weihe gäben, sozusaga!

Pfleiderer: Ha, des muss doch für eich schwer sein, den z esset?

Häberle: Wieso?

Pfleiderer: Ha weil ... Se send doch sehr an em ghängt.

Häberle: Jawohl, aber deswege hamern jo Ihne zum Mäschten gegeba.

Pfleiderer: Aah, damit – ...

Häberle: Damit er uns innerlich entfremdet wird.

Pfleiderer: Oh, wie anständig!

Häberle: Wenns noh ans Aufessa geht, mit em trauriga Blick ...

Pfleiderer: Ja, ja, des isch traurig ...

Häberle: Und bei Ihne war er ja wirklich gut aufghoba.

Pfleiderer: Ja freilich, sehr gut! Neilich wär er beinoh krepiert!

Häberle: So?

Pfleiderer: Der war ganz ufblosa!

Häberle: Jo waas? Was Sie net saget!

Pfleiderer: Jaja.

Häberle: Aber die Gefahr beschteht nemme?

Pfleiderer: Die nicht, nein.

Häberle: So. Drum. Isch jo elend schad. Denket Se mol, hot sich in Ihre werta Obhut so scheen gmacht. Wemmer bedenkt, zwelf Pfun Schlachtgewicht!

Pfleiderer: Halt, halt! Zehn!

Häberle: Noi!

Pfleiderer: Zehn! Dr meine hot zwelf!

Häberle: Nein, zwelf, Herr Pfleiderer!

Pfleiderer: Zehn!

Häberle: Zwelf hat r!

Pfleiderer: Zehn!

Häberle: Nein, zwelf, Herr Pfleiderer! Sie däuschet sich da!

Pfleiderer: Nein, nein, nein, dr Guschtävle –

Häberle: Dr Guschtävele hat zwelf, wenn ich Ihne –

Pfleiderer: Da habet Se sich verguggt, weil se beide sich so gleich sehet, di send leicht zum Verwechsla!

Häberle: Nein, nein, s Guschtävle hat an dr linka Vorderpfote ein kleine weißes Dipfele!

Pfleiderer: Ach Sie! Koiner hot en Dupfa!

Häberle: So? Da habet Se n wahrscheinlich mit Jod überpinselt! Den Trick kennt mr, Herr Pfleiderer!

Pfleiderer: Hawa, wega dene zwoi Pfund Lebendgwicht, so ehrlich bin i doch, net!

Häberle: Ha, zwei Pfund sind zwei Pfund, Herr Pfleiderer!

Pfleiderer: Also mir streitet net! Der mit dene zehn Pfund – merk ders guat – der ghert mir!

Häberle: Also guat, i hol morga mei zwelfpfündigs Guschtävle ab, sonscht bläht er sich immer noh meh auf, und unser Weinachdsbroda fällt noh eines schönen Tags ens Wasser!

Pfleiderer: Ischer scho.

Häberle: Was? – Wer?

Pfleiderer: Isch er scho! Ens Wasser! Denn der Zwelfpfünder –

Häberle: Ja?

Pfleiderer: S Guschtävle. Den hend se in dr letschta Nacht gstohla!

Häberle: Was? Gschtohla? S Guschtävle gschtohla? Ach so, Herr Pfleiderer, soooo, des war also der verdächtige Glanz en Ihre Auga!

Pfleiderer: Damit Sie net ganz um Ihre Feschtesfreide kommet, do will ich Ihna – als Ihr beschter Freind – an Weihnachda ... gern von meim Hasa ... net wohr, von meim Zehnpfünder ... will ich Ihne gern a Schlegele zukomma lassa, gell! Ond Sie ... schicket mr no a baar Flascha Heilbronner Riesleng drfür, net?

Häberle und Pfleiderer, gespielt von Oscar Heiler (1906–1995) und Willy Reichert (1896–1973), sind die absoluten Klassiker des schwäbischen Mundart-Kabaretts. Der Dialog »Festesfreude« liegt als Tondokument vom 17. Dezember 1958 vor. Edi Graf hat den Sketch von der CD »Hundstagshitze und andere Sketche« übernommen und gekürzt.

Gschenkt

Gabriele Rief-Mohs

Was mir mein Schatz wohl huier schenkt?
Ebbes, wo ma om da Hals rom henkt?
A Perlakette, Reng für d Ohra?
I lässt glatt nuie Löcher bohra.
Oder en Duft, so ganz exotisch,
Wild und nobel – und erotisch?
Oder a seidigs Neglischee?
S alte isch jo gwiaß noit hee,
S wär halt a nuia Hülle
Für mei alta Fülle.

A Reise, noi, des glaub i kaum,
Des wär mein absoluter Traum:
Beim letzta Mol, i war no ledig,
A Wochaende in Venedig!
Mein Schatz, i woiß it, was du brengscht,
Was du mir huier Tolles schenkscht?
Ob des fonklet, ob des strahlt?
Du hosch bestemmt en Haufa zahlt.
I be ganz aufgregt, s Herz klopft leise:
a nagelnuies Bügeleise!

Gabriele Rief-Mohs aus Mittelbiberach verbrachte ihre Kindheit und Jugend in Eberhardzell und arbeitet heute als Ärztin im Fachgebiet Psychiatrie und Psychotherapie. Ihre Liebe zur oberschwäbischen Heimat kommt zum Ausdruck in ihren Geschichten und Gedichten, mal in Mundart, mal in Schriftsprache. Sie ist eine feine Beobachterin ihrer Mitmenschen, mit all ihren Stärken und Schwächen.

S Chrischtkendle ens Herz

I wünsch dir s Chrischtkendle ens Herz

Edi Graf

S isch dreißg Johr her – i woiß genau,
Do war i z Raodaburg em Wender,
Beim Kripple vom Sebastian Blau.
Im Weggatal, mit Freind ond Kender.

Dr kloine Luis noch vorn sich druggt,
Hot wella dia Figürla seah,
Hot ao noch sellem Mohrle guggt:
»Derf i dem was ens Kässle gea?«

Dr Pader hot sich gherig gfreit,
Wo mir do Geld neigschmissa hend,
I han no »Scheene Weihnächd!« gsait –
Es war jo middla em Advend.

»Vergelts Gott!«, sait dr Pader no,
Sei Blick goht himmelwärts –
»Mir wünschet ons, em Städtle do,
Des Chrischtkendle ens Herz!«

Des Sprüchle han i bhalta mir,
Wünschs seitdem älle Leit,
Ond heut wünsch i s an Weihnächd dir!
I hoff, du hosch a Freid.

Ond brennt bei ons dia erschte Kerz,
Sag i, bis s vierte Kerzle brennt:
»I wünsch dir s Chrischtkendle ens Herz!«
Als Weihnachtsgrüßle em Advent.

Als Weihnachtsgruß: »I wünsch dir s Chrischtkendle ens Herz!« ist der Spruch in der Bischofsstadt Rottenburg noch heute lebendig. **Edi Graf** hörte ihn zum ersten Mal im Weggental und später wieder von einem Freund, dem Stadtführer **Jürg Gaebele,** und zwar immer in der schwäbischen Verniedlichungsform »Christkendle«, wie ihn auch Stadthistoriker **Dieter Manz** kennt. Er sieht die Ursprünge der Redensart in der Barockzeit, der »Blütezeit der vorderösterreichischen katholischen Frömmigkeit«, wie das »Schwäbische Tagblatt« 2010 schrieb. Der Tübinger Kulturwissenschaftler **Hermann Bausinger** vermutet auch eine Verbindung zur »Herz-Jesu-Verehrung«. »Christkindle ist ja in vielen Bedeutungen nutzbar: Für Geschenke zu Weihnachten, für eine wehleidige Person, für eine liebe Person: das Herz ist gewissermaßen eine Steigerung der positiven Einschätzung und Verehrung«, schrieb er 2016 in einem Brief an Jürg Gaebele. Vor einigen Jahren stellte **Bischof Gebhard Fürst** diesen »einfachen, herzlichen und tiefsinnigen Wunsch« in den Mittelpunkt seiner Weihnachtspredigt im Rottenburger Dom. Im großen Schwäbischen Wörterbuch von Hermann Fischer ist »s Christkindle ins Herz« zu finden, im Badischen Wörterbuch steht die Variante: »Wir wünschen Euch Christkindles Herz.«

Vom Chrischtkendle

Anna Ritter,
schwäbisch von Edi Graf

Glaubet ao, i han fei s Chrischtkendle gseha!
Aus em Wald isches komma, voll Schnee isches gwea,
Sei Nas war raot verfraora.
Eiskalt wared d Händle ond d Aohra.
Ond sein Sack mit de Gschenkle, der hot fei was gwoga,
Der war richtig schwer, s hot en schier net vrzoga.

Was wohl en dem Säckle drin steckt?
Ihr Nasaweis, ihr Fleadrawisch!
Moinet r, dass der Sack offa gwea isch?
Zuabonda bis oba na!
Ganz gwieß so was Guads wia en Weckama'!
Noch Epfel ond Nissla hots gschmeckt!

»Denkt euch, ich habe das Christkind gesehen«, so beginnt das bekannte Weihnachtsgedicht »Vom Christkind« von **Anna Ritter** (1865-1921), das neben »Knecht Ruprecht« von Theodor Storm und »Weihnachten« von Josef Eichendorff zu den Klassikern gehört, deren Verse oft auswendig zu lernen waren.

Wieder wirds Liacht

Bernhard Bitterwolf

Sei ganz Leaba hot er dem Ehrenamt gwidmet. Wo Not am Mann war, isch er eigsprunga, hot gwualet, gschaffet, gschwitzt, sich vrausgabt – aufopferungsvoll aktiv im Vereinsleaba und nimmermüad in de Diskussiona im Gmoindsrot. Um Obdachlose hot er sich kümmret und d'Jugendarbet im Dorf auf sichere Füaß gstellt, war Vorstand, Schriftführer und Kassier in verschiedene Musik- und Sportverei.

Nadürlich isch er von Jung und Alt au a weng belächelt worra: Warum duat er des alles? Koin Mensch wird's em je danka.

Und so isch au komma.

Obwohl er immer en attraktiva Ma war, hot er nia Zeit für a Ehe gfunda. Heit hockt dr Emil alloi drhoim, s Rheuma ploget, sei Augalicht schwindet, seine Kräft losset noch und oft denkt er an früher zruck.

Morga, am 24. Dezember, jährt sich sein Geburtstag zum 80. Mol. Jo, er hot sich immer a bissle wia's Chrischtkindle gfühlt, vor allem wenn er zu seim jährlicha öffentlicha Adventsgeburtstagsessa in dr Gemeindesaal eiglada hot. Sein eigentlicha Geburtstag am Hoiliga Obend war in de letschde Johrzehnt immer a einsams Fest drhoim. Seit über zwanzg Johr gibt's au des öffentliche Geburtstagsessa nemme. Viele Neubürger im Dorf kennet ihn it, wisset nix über seine Verdienst für d'Allgemeinheit, viele seiner Mitstreiter in de Verei sind längst aufm Gottesacker und de Junge kümmret sich weder um d'Verei noch um de alte Leitla em Ort.

Dia Sitzordnung bei seim jährliche Adventsgeburtstagsessa kurz vorm Hoiliga Obend war immer a hoikels Gschäft! Dr Emil hot drauf gachtet, dass dia, dia übers Johr weg mitnander weaga Kloinigkeita gstritta hond, neabaanander ghocket sind. Und siehe da: Spätestens nochm dritta Viertele Trollinger isch der uselige Zwist beiglegt worra und au de größte Streithähn sind sich beim Singa in de Arm gleaga. Dr Emil hot bsonders gern den Kanon »Wieder wird's Liacht« aus dr Feder von seim Männerchordirigent gsunga.

In dera Nacht vor seim achtzigsta Geburstag schloft der Emil it guad. Im Traum trifft er alle seine ehemalige Vereinsmitstreiter, durchleabt nomol die viele gemeinsame Feschtla und denkt au an dia zahlreiche Beerdigunga in de letschde Johr. Ziemlich müad schmückt er am 24. Dezember wia jeds Johr sein Chrischtbaum. Des Mittagsschläfle dauert a weng länger, s nachtet scho wiedr. Sei Hausdürglock schellet, er schreckt aus seine Träum hoch. Wer will am heitiga Tag was von ihm? Wer schellet um dia Uhrzeit? Braucht en Nochbr vielleicht no a bissle Zucker?

Langsam schlurft er zur Dür, macht auf, gucket naus und wundret sich über di oizecht Kerz, dia brennend auf seim Haussteffel stoht. Wo kommt dia Kerz her?

Aus dr Dunkelheit löset sich Gstalta mit brennende Kerza in de Händ. Dr Emil hebt sein Kopf und erkennt dia Söhn und Töchter von seine Freund, seine frühere Kamerada, seine Vereinskollega, ka seine Träna nemme zruckhalta und bläret Rotz und Wasser, als alle mitnand den Kanon singet:

Wieder wirds Liacht auf unsrer Erde,
Frieda und Freid kehrat bei uns ei.
Geabet eich d'Hand, öffnet eira Herza,
D Liebe wird dann um uns alle sei!

Ihr Buaba und Mädla

Nach »Ihr Kinderlein kommet«
von Christoph von Schmid,
schwäbisch von Bernhard Bitterwolf

Ihr Buaba und Mädla, heit Nacht isch was los.
Des Chrischtkindle flagget auf Heu, Stroh und Moos.
Im Schtall ischs gebora für uns arme Leit,
Heit Nacht do beginnt jo a ganz nuie Zeit.

Ihr Buaba, it triala, etz machet eich auf,
Vorbei isch des Gruaba, für eich hoißts etz: Lauf!
Ge Bethlehem springet und bringet dem Kind,
Des was jeder Bua en seim Hosasack find.

En Stoi, au a Wurzel, a Stück vo ma Soil,
Des Christkindle freit sich und denkt sich sein Doil.
Ihr Mädla, ihr singet dem Kindle was vor,
Des gibt jo ganz sicher dr schönst Weihnachdschor.

D Maria ond Josef, dia looset eich zua,
Drum singet ganz leise, des freit au den Bua.
Des Chrischtkindle lachet und strahlt eich dann a,
Do denket ihr alle s ganz Leaba no dra!

Vom Feld kommet Hirta und bringet dem Paar
En Korb voller Essa, denn ihna isch klar:
Mit Schwaazwurst, mit Zwiebla, mit Ank ond mit Brot
Kasch lindra dr Hunger und abwenda d'Not.

Mir freiet uns alle, denn mit dieser Stund
Hot d Menschheit zum Feira en wichtige Grund.
Dr Heiland isch komma als Kindle auf d Welt,
Bringt Frieda auf d Erda und des isch, was zählt.

Auch wenn der Name **Christoph von Schmid** heute nur noch wenigen bekannt ist, sein Weihnachtslied »Ihr Kinderlein kommet« erklingt noch heute rund um die Welt. Von 1816 bis 1927 war er Pfarrer in Oberstadion bei Biberach, mitten im Herzen Oberschwabens. Auch in der oberschwäbischen Textversion von Bernhard Bitterwolf entfaltet das Lied eine anheimelnde Stimmung. Ein *Ank* ist Butter und *loosa* heißt zuhören.

I möcht amol wieder a Lausbua sei

Werner Veidt

I möcht amol wieder a Lausbua sei,
Und meine Schulfreund wäred dabei.
Do däd i mit ihna Indianerles spiela,
Und mit eme Pfeil noch de Spatza ziela.
I möcht wieder oreife Epfel essa,
Am Abee draußa Karl-May-Biacher läsa,
Und in der Küche d Schüssla ausschlägga,
De Großmudder ihr Gebiss verstegga.
I möcht wieder amol barfuaß laufa
Und mir für zehn Pfennig Bäradregg kaufa.
Ufs Nochbers Baum droba Kirscha stänza,
In der Schul da Onterricht schwänza.
I möcht mi wieder am Necker rumdrigga,
Im Damebad durch d Aschtlöcher spigga.
I möcht amol wieder d Hosa verreißa.
I möcht amol wieder ins Bett nei sch...pringe.
I möcht' emol wieder mit Rossbolle schmeißa,
De Maiekäfer de Kopf naabeißa,
De Katz vo unserer Dante hinta
En Luftballo an da Schwanz nabinda.
I möcht zu meim Bäsle »Lumbadier« saga,
I möcht era wieder da Leib verschlaga,
Dr ganz Gschichtsunderricht verhunza
Und em Herr Lehrer en Hut neibr...
I möcht amol wieder im Räga rumwaada,
Und meine Fiaß im Gilleloch baada,
D Schlissellöcher an unserer Schulhausdiara
Inna und außa mit Leim verschmiera.

Mei weiß' Matroseabliesle aaziaga
Und domit en frischa Kuhdreck neifliaga.
Da Nochbers Fritz an de Löffl fassa,
Zerscht hochheba und no blotza lassa,
Oder es könnt au en anderer sei.
Do wär i als Lausbua wieder drbei.
Eins aber – do dürft ihr mi net auslacha:
Eins möcht i als Lausbua doch nemme macha:
Mei Mueder, dia möcht i nemme so ploga,
Do wär i gwieß nemme ogezoga:
I däd ihra helfa ihr Wäsch ufhänga,
I däd ihr dia Kohla vom Keller raufbrenga,
Und wenn se was saga däd, no däd i sprenga!
An Weihnachda möcht i se au beschera,
Do däd i oifach mei Sparbixle leera,
Nonder zum Herr Apotheker laufa
Und für fuffzich Pfennig a Handcrem kaufa.
Und frogt se mi no: »Für wen isch denn des, Kend?«
No sag i: »Für deine abgschaffte Händ!
Komm, Mamme, jetz wolle mers glei probiera!«
No däd i ihr d Händ mit Hautcrem eischmiera.
Und deshalb, ned wega dem Blödsinn allei
Möcht i amol wieder a Lausbua sei.

Der Schwabe **Werner Veidt** kam 1903 in Erfurt zur Welt, wuchs aber im schwäbischen Tamm auf. Seine Schauspielerkarriere führte ihn zunächst nach Schlesien und Pommern, weitere Stationen waren Ulm, Berlin und Stuttgart, wo er ab 1963 zusammen mit Walter Schultheiß als »Straßenkehrer« bekannt wurde. Eines seiner bekanntesten Lieder erschien 1959 als Gedicht im gleichnamigen Gedichtband »I möcht amol wieder e Lausbua sei«. Es ist zwar kein Weihnachtsgedicht, aber es passt von der Stimmung her wunderbar in die Zeit. Die Herausgeber haben sich daher erlaubt, aus dem ursprünglichen »Geburtstag« im letzten Vers »Weihnachten« zu machen ...

En Briaf ans Chrischtkendle

Georg Ried

Liabs Chrischtkendle, i schreib dir heit,
Weil i glaub, s isch an dr Zeit,
Dass i dir mein Wunsch kund dua,
I woiß, du hosch grad wenig Ruah,
A jeder will jetzt was vo dir,
Doch des Briafle do vo mir
Soddesch halt – des wär mr recht –
Heit no leasa, weil i mecht
Auf Weihnachda, ond des wär schea,
Endlich mein »Ledigschtand« aufgea.

Du woisch, i gang auf vierzge zua,
Ond han vom Ledigsei jetzt gnua.
Johrlang du i es scho probiera,
En dr Zeidong inseriera,
Em Dagblatt ond dem Südkurier,
Moinsch, bloß oine schreibet mir?
Koi gotzige beißt bei mir a,
Wer will heit scho en Bauersma?
In d Landwirtschaft, des muasch vrschtao,
Will sich koi Mädle heira lao.

Bring mir zom Chrischtkend oine mit!
I schtell ao koine Aschprüch it.
Ob blond, ob schwaaz, des isch egal,
Du hosch von mir aus freie Wahl.
Ond schlank sei braucht se it, dia sell,
I han jo ao a broiters Gschtell.

Se sodd halt ebbes schaffa kenna,
Du woisch, i han en Haufa Henna,
Zwanzg Schtuck Küah ond vierzeah Säu,
Ond achtzeah Hektar Grund drbei.
Mei Hof, der isch recht guat beinand,
S isch älles auf modernschtem Schtand.

Jetzt, wenn i noh a Weible hett,
No wär dia ganze Sach komplett!
Däd des klappa mit dr Frau,
No däd i für da Kirchabau
Ond fürs Orglrenoviera
Ebbes extra noh schpendiera.
En Fuffzger wär mi des scho wert,
Wenn mir bald a Weible ghert.
Noch dr Hauzich werf i glei
En Opferschtock den Geldschein nei.

So, jetzt kennsch mei Weihnachdsbitt,
Chrischtkendle, vergiss mi it!
I dank dr schee, em Voraus glei,
Ond mei Adress isch ao drbei,
Drmit du woisch, wona derfschs bringa.
Viel Grüaß, vom Franz aus Em̄erkinga.

Drei Johr später:
Nomol en Brief ans Chrischtkendle

Liabs Chrischtkend, vor drei Johr der Briaf,
I sag drs glei, des ging fei schiaf!
Als Junggsell han me domols griehrt,
Sogar en Fuchzger noh schpendiert,
Jetzt müsstet dir doch d Ohra klinga,

I bin dr Franz aus Emerkinga!
Domols wollt i doch von dir
Als Wunsch a Frau. Ond du hosch mir
Uf Weihnachda dia Berta gschickt!
Des Gschenk isch leider it geglückt.
Gscheiter, i wär ledig blieba,
Hätt i bloß den Briaf it gschrieba!
Glei noch dr Hauzich hot dia mir
Dr Wirt verbotta ond ao s Bier,
Koi Zigarr derf i meh genieaßa,
Ond koin Schnaps, so muaß i biaßa!

Kinder will se ao net hao,
Dia dädet bloß em Weag rom gaoh.
Vom Essa fang i gar it a,
Des Oizig, was dia kocha ka,
Isch Spiegelei mit Leberkäs
Ond sonscht geits bloß a Dosagfräß.
Schaffa derf i meh wia gnua,
Selber butza meine Schuah,
Wäscha, bügla, näha, schtopfa,
Kehra, sauga, Debbich klopfa.

Ond sui schtrawanzt ens Schtädtle nei,
Ällander Dag, ond kauft bloß ei:
Schmuck ond Kloider, Hosa, Reck,
Kaffeegschirr ond Silberbschteck,
Sogar a Auto hot se bschtellt
Ond i kas zahla mit meim Geld!

Dia brengt mi noh um Hab ond Guat,
Drom han i ao a jessas Wuat
Ond frog di drom, obs meeglich wär,
Wenn grad en Junggsell käm drher,
Wo alloi isch, jetzt zur Zeit,
Dass mr dem mei Berta geit?
Se isch jo äußerlich it schlecht,
Bloß für mi halt it dia Recht.

Dr Hafner Ludwig hot no koine,
Ond d Leit hend gsagt, der suacht grad oine.
I däd se glei dem Ludwig lao,
Der müaßt et lang zum Suacha gao.
Ond du hättsch koi Arbet it,
Komm vorbei ond nimm se mit!
I geb se her, von mir aus glei,
No kas vo mir aus Weihnächd sei,
Denn lieber ohne Weib ond ledig,
Wia älla Obed fix ond fedig!

Froh däd i onderm Chrischtboom singa,
Scheas Fescht, wünscht Franz aus Emerkinga.

PS:
Im Voraus dank i dir reacht schea.
(Den Fuchzger brauchsch mr nimme gea.)

Der bekannte Moderator und Autor **Georg Ried** aus Markt Kaltental veröffentlichte dieses Gedicht in Allgäuer Mundart in seinem Buch »Allgäuer Weihnacht«. Behutsam »eingeschwäbelt« von Edi Graf wurde aus dem »Mate, dund vom Zülle« und seiner »Afra« der »Franz aus Emerkinga« mit seiner »Berta«. Namensgleichheiten mit »echten« Personen sind rein zufällig.

Sell wär!

Heinz-Eugen Schramm

Zwoi Weiber goschet mitnand uf dr Gass am Christfescht. Dr Herr Pfarrer mahnt zom Frieda: »Wisset ihr denn net, dass heut dr Heiland gebora isch?«

Antwort: »Ha, sell wär! Mir do honta erfahret doch au gar net, was en dr Obera Stadt bassiert!«

Scheene Weihnachd ällerseits

Scheene Weihnachd ällerseits

Gesungen von Udo Jürgens,
Text von Wolfgang Hofer,
schwäbisch von Edi Graf

Wenn dr Schnee fällt wunderbar
Ond dia Kender happy are,
Wenn dia Schtroßa rutschig send
Ond mir älle Glühwei' wend,
Dann woisch du, es isch so weit:
Sie isch do, dia Weihnachdszeit!

Jedes Parkhaus isch besetzt,
Weil die Leit, dia fahret jetzt
Aldi, Kaufhof, Mediamarkt,
Du kriegsch fascht en Herzinfarkt.
Kaufsch so manches bleede Ding
Ond dia Kass' machd »Glöckchen kling«.

Scheene Weihnachd, scheene Weihnachd,
Wünscht mr sich, ond selta schneits.
D Kassa klinget, ond mr singet:
»Scheene Weihnachd ällerseits«.

D Muatter in dr Kuche bakes
Schoko-, Nuss- and Mandelkeks
Babba in the Nebenraum
Schmückd da Riesa-Weihnachdsbaum
Er isch hanging uf the balls,
No er from the Loiter falls.

Finally the Kinderlein
To the Zimmer kommet rein
Ond es singt dia family
Firchderlich: »O Chrischtmastree!«
Ond a jeder in the house
Isch packing no dia Gschenkle aus.

D Muetter finds onder the Boom
A brandnew Teflonpfann – ihr Troom!
Babba gets en Schlips and Socka,
Everybody does frohlocka.
Dr Präsident speaks im TiVi,
All around isch Harmonie,

Bis d Muatter in ihr Kuche runs:
Im Ofen burns dui Weihnachdsgans.
And so comes dia Feierwehr
Aus Plattahardt – Tatü – drher,
And they bring an long, long Schlauch
And a long, long Loiter auch.
And they schreiet: »Wasser, marsch!«
Weihnachda isch now im – Oimer …!

Scheene Weihnachd, scheene Weihnachd,
Wünscht mr sich ond selta schneits.
D Kassa klinget, ond mr singet
»Scheene Weihnachd ällerseits«.

Der Autor **Wolfgang Hofer** gilt als Hitschreiber für Udo Jürgens. Unter anderem stammen »Mit 66 Jahren« und »Liebe ohne Leiden« aus seiner Feder. 2003 schrieb er für ein Weihnachtsalbum von Udo Jürgens »Merry Christmas allerseits«. Als »Wolfgang« landete er 1971 mit dem »Lied vom Trödler Abraham« seinen einzigen eigenen Hit.

Dr Chrischtbaum

Ingrid Koch

Wenn i sentimentale Spinnre
Mi an dia Weihnachdsbaim erinnre,
Wo friahr – i war do no a Kind –
In unsrer Stube gstande sind,
Denn, i gibbs zua, muss i leer schlucka
Und insgeheim a Trän verdrucka …
Warum, wieso? Godd, was woiß i?
Vermutlich Altersnoschtalgie!

Zueständig für d Beschaffung war
Mein Babbe immer, des isch klar.
Und domols scho, wia s heit no lauft,
Hot chronisch er de falsche kauft.
Isch s wieder mol a Rottann gwesa,
Hot mem sofort d Levitta glesa,
Weil Rottanna jo permanent
Scho beim Reitraga gnodlet hent.
Dr nägschte Nodelniederschlag
War denn kurz drauf, am Stefansdag,
Und bis Dreikenig war komplett
Des nodlig Baimle a Skelett.

Isch s mol im wenig eleganda
Baumständer endlich richtig gschtanda,
Isch d ledig Tante Ruth agrückt
Und hot den Baum voll Inbrunscht gschmückt.
Und do – wegs ihre schwache Nerva –
Hot koiner fei neischwätza derfa!

Für mi als Kind, von heit aus gseah,
Ischs aber no viel scheener gweah,
Kurz vor em Fescht, auf leise Sohla
Dia Schachtla von dr Biehne z hola,
In dene, früher hot mr gschparet,
Dia Herrlichkeita glagert waret:
Kugla, doilweis mit Altersnarba
In alle Regebogefarba,
Dickbauchig-fette Silberketta,
Handgmachte Goldbabierrosetta,
Strohstern, mol mit, mol ohne Mängel,
Blau-rote Holzzwerg, Rauschgoldengel,
Bienewachsne Kerze, selbschtverständlich,
Und als Krönung no, schlussendlich,
So für da oberscht Logesitz,
Dia hochherrschaftlich Chrischtbaumspitz.

Indessa, so da rechte Pfiff,
Also da allerletschte Schliff,
Hot erscht s Lamedda ihm verlieha,
Denn war der Baum zum Niederknia!
Heit dät mr sich vor Lacha biaga
Und wohl dr »Kitschpreis« drfier kriaga:
Fäda, drei bloß, mol högschtens vier –
Und ganz behutsam, mit viel Gschpier,
Dass nix verreißt und nix versengt,
Vorsichtig über d Zweigle ghängt,
Dass mrs a) sieht, ganz vornedra
Und b) wieder verwenda ka.
Und war a Stroifle wachsversieglet
Und grumpfelt, hot ms halt schnell bieglet.

Heut käm koi Menscheseele meh
Auf so a sparrige Idee,
Und Gatta, wo a Rottann brächtet,
Würdet ausgschtoßa und geächtet,
Denn zwischezeitlich sond jo wohl
Au d Weihnachdsbaim Statussymbol.
Geduldet sind bloß Alpha-Baim,
Wia Weiß-, Blau- und Nordtanna-Traim,
Symmetrisch gwachsa, ohne Fehl,
Kurzum: a chrischtbäumlichs Juwel.

Dr hohe Preis wiegt au it schwer –
Hauptsach, der Baum macht ebbes her,
Dass er ao jedem gfällt und frommt,
Der wo zum »Chrischtbaumloba« kommt.
Drum achtet drauf, beim Dekoriera:
Scho d Farbe soddet harmoniera!
Dia von de Kerze ganz diskret
Mitm Querstroife von dr Dabeet;
S Nordtannagrün schee mit em Perser
Und d Kugle möglichst – no perverser –
Mit em nei kaufta Feschddagskloid.
Mein Gott, dunt mir dia Baimle loid!

Dr mei strahlt dies Johr immerhin
In schickem Rosarot-weiß-grün …
… weils (was bei andre mir verhasst)
So guat zum neie Deppich basst.

Seit vielen Jahren steht die Tettnanger »Worthandwerkerin« **Ingrid Koch** auf den Bühnen im Land und wirft einen geistvoll-witzigen und zugleich warmherzigen Blick auf alles Menschliche.

Lamedda

Anonym,
schwäbisch von Edi Graf

Bald isch Weihnachd, so a Feschd
Für dia Kender ond für d Gäschd.
Em Advent goht's hektisch zua,
Dagelang hosch schier koi Ruah.
Oi Hetz, probiera, kaufa, messa,
Ond hoffentlich hosch koin vergessa!

Dr Hoilig Obed war sell Wender
En Sonndag, wo i mid de Kender –
Nix ahnend – hogg, bei ma Glas Bier,
Uf oimol sagt mei Frau zu mir:
»Es wird sich ned scho wieder drückt!
Jetzt glei wird dr Chrischdboom gschmückt!«

I han zwar gstöhnt, doch gnützt hots nix,
Ond kurz druf merk e, dass e schwitz:
Säga, bis er d Höhe hot,
Ond kerzagrad em Ständer stoht.
No kommet Kugla, Schmuck ond Herza
Ond elektrisch Chrischdboomkerza,
Plötzlich ruaf i: »Doria!
Wo isch bloß des Lamedda na?«

Meiner Frau wird's richtig hoiß,
Stottrig sagt se: »Jo, i woiß,
S letschte Johr wars arg verschlissa,
I hans en Kutteroimer gschmissa.
Im Chaos – was mr wem wohl schenkt –
Han i net ans Lamedda denkt!
I han vergessa, ois zom kaufe
Etzt muaß e halt zom Nochber laufa!«

Doch vo de Nochber – so a Gfrett –
Hot koiner a Lamedda ghet.
»I fahr en d Stadt« – »Awa, du Kuah!
Dia Läda hend doch längschd scho zua!«

Dr Chrischdboomschmuck hot des Johr Grenza,
Er muass Lameddafrei erglänza.
»Etzt höret oifach auf mit Blära!«,
Sag i ond fang a zom Erklära:
»Am oifachschda isch wohl dia Sach,
Wenn i s Lamedda selber mach!«

Zerscht han i grätselt hin ond her,
Lamedda macha isch doch schwer!
I gang en d Kuche, suach a Messer
Do seh i's »Hengschtaberg Mildessa« –
I han kaum meine Auga traut –
Lamedda aus Weinsauerkraut!
In lange Stroifa aus dr Dos,
Jetzt brauch i bloß no Silberbroz'!

Dr Deckl auf, s war koi Aktio'
Noh s Kraut presst zwischa Pappkarto'
Ond oinzeln hängt des Kraut – ganz heil –
Mit Klämmerle am Wäscheseil.
Mit em Föhn do trocknets schneller,
S Lameddakraut em Wäschekeller.
Beidseitig Lack druf, »Silberkleid«,
Gerettet isch dia Weihnachdszeit!

Dr Chrischtbaum, der war bsonders schee,
So'n scheene kriegsch du nirgends meh!
Süßsauer hot d Bescherung grocha,
S Lamedda isch en d Nasa krocha
Ond mit Benzin gwäscht han e d Händ,
Ond Nitro, dass se sauber wend.
Drzua schteigt au no d Räucherkerz
Ond Kaschpers Myrrhe himmelwärts.
Ond ebber sagt no still verwundert:
»Do riachts noch technischem Johrhundert!«

A Woch drnoch, i hock im Zimmer,
Mr schmeckt da Weihnachdsduft scho nimmer,
No sagt mei Frau: »Du woisch Bescheid,
Es kommet no en Haufa Leit:
Schulzes, Lehmanns ond dia Meier
Am Obed zur Silvesterfeier!
I mach a Metzelsupp zom Essa.«
Sagt se. Doch hot se ois vergessa:

Se merkts, wo se zom Chrischtbaum schaut:
Do glänzt des silbrig Sauerkraut!
Se hot vergessa Neis zom bsorga,
Jetzt muass ses halt beim Nochber borga.
Doch vo de Nochber – so a Gfrett –
Hot koiner ao oi Bixle ghet.
»I fahr en d Stadt« – »Awa, du Kuah!
Dia Läda hend doch längschd scho zua!«

Als Retter bin i scheints gebora,
I nemm s Lamedda von dem Stora,
Mach s Silber weg, mit Terpentin
Ond mit Schmiersoif ond Benzin,
Des Kraut dann gründlich durchgewässert,
Ond mit Essig stark verbessert.
Gwürzt mit Nelka, Pfeffer, Salz,
Kümmel ond no Gänseschmalz.

Uffgwärmt en ra groẞa Hitz,
S Kraut, des funkelt – und i schwitz!
Ond i bet' zom Jesulein:
»Lass es glei voll Neujahr sein!«
Wo mei Frau des Kraut serviert,
Isch dann Folgendes bassiert:
Schulzes Gretle, dia muass niesa,
Aus dr Nasa sieht mr sprieẞa,
Wia aus ama Bergwerkstolla
Lauter kloine Silberbolla!
Nomol »hatschi!« – alles z spät!
Älls lacht – auẞer d Schulze Gret.

D Franzi Lehmann sait zum Franz:
»Dei Goldzah hot en Silberglanz!«
Dr Franz, wo auf sein Deller schaut,
Sieht Dannanodla en seim Kraut.
Vom Klo kommt Meier noch em Mahl:
»I han heit en Silberstrahl!«
Ond sei Frau moint, bei ma Wecka,
S Kraut däd fascht noch Schmiersoif schmecka.

S Feierwerk kracht schließlich laut,
Vergessa isch des Sauerkraut.
Beim Ganga dent dia Gäschte lalla:
»S hot bei eich ons ganz guat gfalla,
Doch em Chrischtboom fehlt halt ganz
En feschtlicher Lameddaglanz!«

Später, bei ma Gläsle Bier,
Sagt mei Fraule leis zu mir:
»I kauf übermorga glei
Kiloweis Lamedda ei!«
»Ond«, sag i zu ihra laut:
»Des Johr gibt's koi Sauerkraut!«

Auf zahlreichen Seiten im weltweiten Netz findet sich dieses Lametta-Gedicht eines unbekannten Verfassers. Auch eine ebenfalls anonyme schwäbische Version existiert dort. **Edi Grafs** Fassung folgt mit seinem »Lamedda« dem hochdeutschen Original.

Es hat sich halt eröffnet

Schwäbisches Weihnachtslied

Es hat sich halt eröffnet das himmlische Tor,
Dia Engele, dia kugelet ganz haufaweis hervor.

Dia Buabala, die Madela, dia schlaget Puzigagela,
Bald nauf ond bald nonder, bald hin und bald her,
Bald übersche, bald abersche, des freut sie alle sehr.

Dia Engele im Himmel, dia hends jo gar it schwer,
Dia hend so kleine Flügele ond fliaget hin ond her.

Dia Engele im Himmel, dia singet wonderschön,
Dass Sonne, Mond ond Sternla verwundert schtille schtehn.

Drum haltet mir fei schtille ond saget koi Wort,
Sonscht laufet ons dia Engele glei alle wieder fort.

Kommt so a arme Seele wohl vor dia Himmelstür,
No springet glei dia Engele ganz haufaweis zu ihr.

Dia Buabala, die Madela, dia schlaget Puzigagela,
Bald nauf ond bald nonder, bald hin und bald her,
Bald übersche, bald abersche, ond glei siehsch gar kois mehr.

Als Volkslied existiert dieses schwäbische Weihnachtslied mit angehängtem Halluluja-Ruf. Erstmals gefunden wurde es 1756 auf einem fliegenden Blatt und 1808 erschien es stark verkürzt in »Des Knaben Wunderhorn«. 1893 zeichnete Josef Pommer, Herausgeber der Zeitschrift »Das deutsche Volkslied« eine dreistrophige Fassung auf, die 1913 in der Sammlung »Echte Tiroler Lieder« veröffentlicht wurde. Wie aber kam die schwäbische Weise nach Tirol? Vermutlich durch die sogenannten Schwabenkinder aus Tirol, die bei oberschwäbischen Bauern arbeiteten. »Dabei bekamen sie nicht nur ›dopplets Häs‹, also Sonntags- und Werktagskleidung als Lohn, sondern sicher auch das eine oder andere Lied mit nach Hause«, vermutet **Wulf Wager,** langjähriger Vorsitzender des »Arbeitskreises Volksmusik« im Landesmusikrat.

Weihnachda

Joseph von Eichendorff,
schwäbisch von Edi Graf

Märkt ond Stroßa stond verlassa,
Leuchta duats aus jedem Haus.
I schlorg vor mi na durch d Gassa,
Älles sieht so feschtlich aus.

Vor de Fenschter isches Wender,
Drenna leichtets hell ond fromm,
En de Schtuba gucket d Kender
Voller Freud zom Chrischtboom nomm.

I lauf weiter, hans net eilig,
Aus em Städtle, naus aufs Feld,
Heller Glanz, dia Nacht so heilig,
Weit ond still isch jetzt dia Welt.

Sternla leichtet ganz weit oba,
Aus em Schnee en d Einsamkeit
Klingt a Singa ond a Loba:
O du gnadareiche Zeit!

»Markt und Straßen stehn verlassen«, die erste Zeile ist ein Synonym für eines der bekanntesten romantischen Weihnachtsgedichte, das **Joseph von Eichendorff** (1788–1857) einfach nur mit »Weihnachten« überschrieben hatte. Edi Graf hat den Klassiker frei ins Schwäbische übersetzt.

S veroglückte Gaasessa

Winfried Wagner

Worom mir emmer so Missgschick bassieret, ischt mir echt a Rätsl. Mei Elfriede hot d Eltra von onserm Groẞa seiner derzeitiga Freundin auf da erschte Weihnachtsfeierdag zom Gaasessa eiglada, dass mer sich amol kennalernt. Also hot se mi am Hoiliga Obend morgends zu dera Bauersfrau gschickt, om dui von ihra scho vor vier Wocha vorbschdellte Gaas zom kaufa. Jetzt dui Frau hot gsagt, sui hätt älle vrkauft, weil sich d Elfriede nemme gmeldet hot. Oim von meine berühmte Geischtesblitz folgend, ben i natürlich sofort en da Supermarkt gfahra ond han dort dia ganze Kühltruha noch gfrorane Gäns durchwühlt. Kurz vor ma Nervazemmabruch han i noh oine gfonda, dui hot zwor net sonderlich guat ausgseha, aber i han se trotzdem freudestrahlend hoimbrocht, wia wenn i an Pokal gwonna hätt.

Mei Elfriede hot grad en dr Nochbrschaft Guetsla vrdoilt ond dene ihre neueschte Likörla probiert. No han i dui Gaas solang en dr Gfriertruhe vrschtaut. Entsprechend guat drauf war mei Elfriede no, wo se hoimkomma ischt. Drnoch ischt se auf em Sofa eigschlofa. D Buaba hend da Baum grichtet ond no hend mir se zur Bescherung wieder gweckt. Dodurch waret mir so abglenkt, dass mr überhaupt nemme über dui Gaas gschwätzt hend.

Am früha Morga vom erschta Weihnachtsfeierdag hot dr Schualdirektor agruafa ond gsagt, d Elfriede soll ao schnell vorbeikomma, sei Frau hätt an Kollaps erlitta. Onser Groẞer, dr Andreas, hot se fahra müssa, weil i da Auftrag ghed han, d Wohnung zom sauga. Er hot zwor romgoschet, aber weil jo seine voraussichtlich zuakünftige Schwiegerleut hend komma wölla, wollt er net mit ma blaua Aug von seira Muatter dositza.

Onser Kloiner, dr Markusle, hot sein Waldlauf gmacht ond i han wegam Staubsaugerkrach s Telefo net ghört. Erscht wo i fertig war, hots wieder gschellet. Mei Elfriede war zemlich aufglöst, wia schlechts dr Frau Schualdirektor gang, ond i soll ao sofort dui Gaas enna ond außa mit Salz, Pfeffer ond Beifuaß eireiba, a Tass kalts Wasser ahgiaßa, se mit dr Brust noch onda en da Bräter setza ond bei 190 Grad so lang brota, bis sui wieder do sei. I ben schnell en Keller gsaut, han dui Gaas aus dr Gfriertruhe gholt ond se mit dene Gwürz eigrieba. Enna ischs halt net ganga, weil se no gfrora war.

Noch ra halba Schtond isch dr Aruaf komma, i soll auf 170 Grad ronderschalta ond dui Gaas übergiaßa. So han i also wunschgemäß telefogschteuert dui Gaas betreut. Mir ischt no scho ufgfalla, dass es so komisch riacht, aber i han halt denkt, des sei der Beifuaß, ond no wär sui jo selber schuld gwesa. Wo se dr Schualdirektor no endlich brocht hot, war em ganza Haus scho so an komischer Gschtank. Mei Elfriede ischt schreiend end Küche nausgsaut ond hot sich d Händ am Bräter vrbrennt. Ab do han i nix meh von Weihnachta ghet.

I hätt solla den Blaschtikbeutl mit de Innereia vorher aus dr Gaas rausdoa, dia se gwürfelt ond kurz en dr Pfann gschwenkt über da Salat hod geba wölla, aber des wär net ganga, selbscht wenn is wölla hätt, weils gfrora war.

So ischd also der Blaschtikbeutl en dr Gaas vrschmolza ond hot den grausama Gschmack vrursacht.

Doch onsere meegliche Gegaschwieger hend sich arg über dr Elfriede ihren guata Kartofflsalat mit Soitawürschtla gfreut, weil se sich scheints am Hoiliga Obend an dr Weihnachtsgaas übergessa ghet hend.

Der schwäbische Bestsellerautor, Humorist und Schauspieler **Winfried Wagner** aus Dettingen an der Erms ist durch die Hauptrolle im schwäbischen Fernsehmehrteiler »Laible und Frisch« einem großen Publikum bekannt geworden. Er verkörperte den sympathischen Bäckermeister Laible auch auf der Bühne – und im Kino! Unter der Rubrik »Mai lieaber Fraind!« veröffentlicht Winfried Wagner seit 1986 in der Zeitschrift »Schönes Schwaben« und später in einer Buchreihe die heiteren Briefe des »Eugen Emberle«, diese Geschichte ist eine davon.

Gschenktipps: A Freud für dia wo schenked ond dia wo kriaget

Bernd Kohlhepp

Weihnachda sei s »Feschd des Friedens«. Koi Ahnong, wer do druf komma isch, aber a bissle schtemmts.

Bei ons hots domols so guat wia nia Streit en dr Weihnachdszeit geba. Mei Muadder hot do scho wochalang vorher nemme mid meim Vadder gschwätzt.

Ond no wars emmer so: Am Heiliga Obed hot mr d Gschenkle erscht eipackt, no isch gsonga worda – und zwor »O du Fröhliche« ond »Auf dr schwäbsche Eisebahna« – ond no hot mr d Gschenkle feierlich auspackt. Ond no hot mr wieder älles eipackt, damit mr am nägschda Weihnachdsfescht ao wieder was drvo hot. Drom han i mei elektrische Eisabah vier Mol gschenkt kriagt, bevor mei Vadder se s erscht Mol ufbaut hot.

Schenka macht Freud! Allerdengs net emmer.

Oimol hot mein Vadder meiner Muadder sogar a Schwoißgerät ond a neie Hobelbank gschenkt. Ond glei nochem Auspacka hot er se bei sich en der Werkstatt aufgstellt, damit se emmer schwoißa ka, wenn ses wirklich will. Sie hot em, aus lauter Freud ond Dankbarkeit, a komplette Bügelstation gschenkt.

Aber manche Gschenkle erreichet trotz gröschter Müah da Adressat net. Mein Vadder hot nia büglet, ond mei Muadder hot nia gschwoißt.

Trotzdem, Weihnachda ischt ond bleibt des »Feschd dr Freude ond des Friedens«. Ond des ka wonderbar sei.

Für mei Nochbere, d Frau Schwertfeger, han i s ganz Johr iber alte Konservagläser gsammlet, damit se was zom Eimacha hot, ond dia wird mr vermutlich wieder dia Gläser vom letschta Johr – ond zwor gfillt – zrückschenka!

Mei Freind, dr Gollwitzer, kriagt a Zehnerkart fir da Stadtverkehr en Freiburg, wo sogar no acht Fahrta komplett druf send. Weil noch Freiburg komm i sowieso so schnell nemme.

Ond em Hambacher, dem werd i des Johr sein Werkzeigkaschta zrickgeba. Do wird der jauchza wia a Harfaengele!

Sei Werkzeig allerdings bhalt e no, weil e jo em Armbrüschtle erscht sei Bockloiter no repariera muass, bevore sem zrickschenka ka!

Der Comedian und Schauspieler **Bernd Kohlhepp** ist längst zur Kultfigur im Südwesten geworden und eine Größe in der baden-württembergischen Kleinkunstszene. Er kam im schweizerischen Zofingen auf die Welt, doch seine Heimat wurde das Ammertal bei Tübingen. Im Dunstkreis der »Gôgen« (die alteingesessenen Tübinger Weingärtner der Unterstadt) wurde ihm Schwäbisch beigebracht. Mit Klaus Birk gründete er die Kabarettgruppe VIS A VIS. Seit 1997 ist Kohlhepp vorwiegend solo unterwegs, vor allem in der Figur des »Herrn Hämmerle«. 2013 erschien in der Serie »Hämmerle privat« die CD »Oh, du fröhliche ... heil durch die heiligen Tage«, unter anderem mit dieser Geschichte. Edi Graf hat sie ins Schwäbische übersetzt.

Nachkriegsweihnachda

Mündlich überliefert von Rudi Graf

Dr Weihnachdsbaum schteht öd und leer.
Die Kinder schaued blöd daher,
Da lässt dr Vadder einen kracha
Ond älle Kinder müssed lacha.

So ka mr ao mit kloine Sacha
De Kinder große Freude macha!

Edi Graf widmet dieses Versle dem Andenken seines Vaters, der bei Weihnachtsfeiern damit für große Heiterkeit sorgte.

Dia Schenkerei mueß aufhöra!

Hildegard Gerster-Schwenkel

I halt fei mei Wort, ond i schenk euch zwei nix,
Dia Sprengerla fallet »omsonscht« für euch ab,
Weil ih von dr Ahna dia Mödela hab,
Bloß fehlt mr halt leider zum Neido a Bix!

A miese Verpackung wär eideutig nix –
So goht mr mit Wertstück ganz eifach net om! –
Drom wickl i a baarmol des Handdüechle rom,
Des schützt se so guet wie a blecherne Bix.

Des Handduech, i sags euch, gilt rattebutz nix,
Des hänget ihr ohne viel Skrupl aufs Klo,
Dort sen garantiert eure Gäst drüber froh –
Bloß ihr hen halt desmol für d Guetsla koi Bix!

Rückantwort:
Liabe Bas, mir hen a Bix,
Bloß zom Neido hemmer nix,
Ond so kriagsch du jetz a Bix,
Aber sonst gibt's des Johr nix!

Hildegard Gerster-Schwenkel aus Stuttgart war dreißig Jahre lang Lehrerin. Ihre Gedichte zeichnen sich durch philosophischen und hintergründigen Charakter aus. Sie lebte in verschiedenen Gegenden und Orten in Württemberg, so in Stuttgart, in Gutenstein in der Gegend des Oberen Donautals, im oberschwäbischen Ostrach und in Gerlingen. 1999 erschienen ihre »Verse mit Geschenkideen« in dem Buch »Was schenk' i bloß?«.

S Weihnachdsgschenk

Heinz-Eugen Schramm

I hao meim Weib zom Christtag huier
E Blüsle gschenkt (ond gar et tuier!)
Mit raote Tupfa, haochmodern!
(Drom haon-i halt mei Weib so gern!)
Se hot sich gfreut, de glaubst et, wia!
Se hot me abkusst, wia noh nia:

»E Blüsle, Heiner, Goldschatz, oh!
Wo host denn des kauft, Heiner, wo?
Ond was hots kost – was fällt dr ei!
Ond des ghairt also wirklich mei?
So ebbes lernt mr schliaßlich schätze,
E Blüsle! – I ka nemme schwätze!
Do host mr (oh, i friss en Bease)
Mein Wonsch direkt vom Aug abglease!
Ond nia, noh gar nia – i sags offe –
Host du mein Gschmack wia desmol troffe!
Es reinst Gedicht! Dia Tupfe, noi!
Du glaubst jo et, wia i mi freu!

Zwor, woißt, was schliaßlich au et schlecht wär?
Mit bloe Tupfe – wenn mrs reacht wär –
(Doch des send, denk-e, A'sichtssache)
Tät sich des Blüsle au guat mache.
Ond nemmst mr's jo et übel, gell,
I moin, der Stoff wär beinoh z hell.
Des Blüsle tät mr grea kariert
Ond onterom e weng plissiert
Womöglich doch noh besser stande.
Do köt selbst d Klara nemme lande!
Was dui für Auge mache tät,
Wenn se mi so beim Kränzle säht!
Ond überhaupt – noi, dui Idee!
E Kloidle wär doch au recht schö
Ond kost bestemmt om et viel weiter,
I glaub, wahrhaftig, des wär gscheiter,
Woißt, lila mit me weiße Schmiesle,
Des gäng mr über so e Blüsle!

Host nix dagege, gell? – Kurzum:
Glei noch em Fest, do tausche's om!«

»Ich gelte als guter Schwabe und glaube auch einer zu sein«, sagte **Heinz-Eugen Schramm** von sich selbst. Geboren in Ulm und aufgewachsen in Tübingen, wo er hautnah mit den Gôgen, den Weingärtnern in der Unterstadt, in Berührung kam, studierte er Volkskunde und befasste sich unter anderem mit dem »schwäbischen Gruß«. Er brachte die *Tübinger Gôgenwitze* heraus und veranstaltete die Seminare »Schwäbisch für Reingeschmeckte« in der Alten Weinstube Göhner. Diese Seminare, die mit dem »Gôgenabitur« abgeschlossen werden konnten, brachten ihm den Titel »Schwabenprofessor« ein.

Schtille Nacht, heilige Nacht

Maria Specker

Es singt dia ganze Chrischtaheit
Des scheene Liad zur Weihnachdszeit
Ond es woiß wohl jeder Chrischt,
Wias seinerzeit entschtanda ischt:

S Johr Achtzeah-achtzeah em Kalender,
Ma schreibt da vierazwanzgscht Dezember,
Wenter ischt es, weit ond breit,
Om Salzburg rom ischt älls verschneit.

Ärger geits am Morga friah,
Bei zwoi Manna, jo ond wia:
Des kommt iberall mol vor,
Au beim fromma Vikar Mohr.

Dr Gruber – descht dr Organischt –
Fuxdeufelswild ond narret ischt,
Weil d Orgel en Sankt Nikolaus,
Dia ischt verschtemmt, es ischt en Graus,

Dr Blosbalg vo de Mäus verbissa,
Dr Gruber hätt fascht fluacha müssa:
»O Herr Vikar, des ischt a Schand,
Was mached mir zwoi jetzt mitnand?«

Drauf na sait dr Herr Vikar:
»Für d Chrischtmett ischt jo völlig klar,
Dia Fuga vom berühmta Bach,
Dia spielet Sie, des ischt a Sach!«

»Vom Bach geits nix – d Orgel ischt hee!«
Wia Gockeler schtreitet dia zwee.
Beleidigt moint dr Herr Vikar:
»No spiel i halt uf dr Gitar'!«

Menschenskend, des geit was na!
Rotlos trennat sich dia Ma',
Dr Gruber goht ens Zemmerle,
Dr Vikar Mohr ens Kämmerle.

Er duat glei an da Schreibtisch sitza
Ond macht sich etliche Notiza,
Moint, ihm helf dr Heilig Geist –
Wia sei Niederschrift beweist.

Durch da Schnee von Oberndorf
Dabbt dr Vikar ens Nochberdorf
Ond zoigt em Gruber Franz-Xavher
Volla Schtolz sein Zeattel her.

Dr Organischt ischt angetan,
Von dem Gedicht vom Gottesmann,
D Begeischterong kenn koine Grenza,
Jetzt ka mr bei dr Chrischtmett glänza!

Sechs Stropha hot dr Mohr do gschrieba,
Dr Gruber ischt glei dranna blieba
Ond hot fir dia Heilig Nacht
A wonderscheenes Liad draus gmacht.

So schtond dia zwoi noch mit ma Chor
Ond singet »Schtille Nacht« det vor.
So schee, so innig hond se s gsonga,
S hot herrlich in dem Kirchle klonga.
Baar Leit hond über d Auga gwischt,
Weils Liad halt ebbes Bsonders ischt,
Ond des Kirchle kennet älle
Als die »Schtille-Nacht-Kapelle«.

Seither sengt mr äll Johr wieder
Des schenschte vo de Weihnachdslieder:
Vom Gruber ond vom Mohr det gmacht:
»Schtille Nacht, heilige Nacht.«

Maria Specker aus dem oberschwäbischen Mengen schrieb 1988 dieses Gedicht über die Entstehung des Liedes »Stille Nacht« und dessen Uraufführung, die in der Kirche in Oberndorf bei Salzburg an Heiligabend 1818 stattfand.

Auf, auf, ihr Hirta und tremslat it lang

Auf, auf, ihr Hirta und tremslat it lang

Otmar Wirth

Auf, auf, ihr Hirta und tremslat it lang!
Liacht isch es worra,
dr Heiland geboara;
Gloria, s Gwölk isch voll Engl und Gsang!
Springat und luagat, dr Engel hot gsait,
dass r im Schtall in dr Krippa dinn leit.

Laufat au woitla und hollats ganz Gsind.
Ebbas zum Essa
fürs Kloi it vergessa,
Muettr und Vaddr und all uira Kind.
Gellat, ihr Bueba, lands Kindla schö gruaba!
Kniaglat brav na und beatets Kind a!

Hirtenlieder finden sich häufig in Oberschwaben und im Allgäu. Sie drehen sich um die »Hirtenbuben in Bethlehem« oder um den »Mopsel«, wie man die Bauern mit Spitznamen nannte. Oft wird »das Weihnachtsgeschehen aus der Sicht einfacher Hirten geschildert«, meint dazu der Forscher Berthold Büchele in seinem Buch »Schwäbisch g'sunge«. Manche dieser Hirtenlieder kamen über den Alpenraum, aus Österreich und Bayern ins Schwäbische. So wird als Texter dieser Verse und Komponist der dazuhörigen Melodie der bayrisch-schwäbische Mundartdichter **Otmar Wirth** aus Kempten angegeben. *Tremsla* bedeutet trödeln und *woitla* steht für das alte Wort weidlich und meint hurtig, geschwind. Bernhard Bitterwolf spielt die Melodie zu diesen Versen auf dem Scheitholt, einer historischen Form der Zither.

D Weihnachdsgschicht

Rudolf Paul

Also des ischt dazmal passiert: Dr Kaiser Augustus hat da Befehl rausgeba, dass sich de ganz bewohnta Erde en Steuerlista eitraga lassa müasst. Des ischt de erst Eischreibong gwea ond ischt passiert, mo dr Quirinius Statthalter gwea ischt en Syria dronta. Ond älle send ganga zum Eischreiba, a jeder en sei Hoimetstadt.

Ao dr Josef ischt vo dr Stadt Nazaret en Galiläa naufganga noch Judäa auf Bethlehem, ens Städtle vom David, weil r aus am Haus vom David komma ischt ond zo seim Gschlecht ghört hat, zom sich mit seiner Braut, dr Maria, eischreiba lassa, ond dui ischd en andere Omständ gwea.

Mo se selt gwea send, ischs so weit gwä, dass se hätt niederkomma solla. Ond se hot ihrn ersta Soh kriagt ond hot an en Wendla eigwicklet ond en a Fuatterkripp neiglegt, weil se en dr Herberg sonst koi Plätzle gfonda hend.

Ond Hirta send en sellera Gegend auf de Felder gwä ond hend Naachtwach ghalta bei ihre Herda. Zu dene ischt en Engel vom Herrgott naganga,

ond dr Lichtglanz vom liaba Gott hot om se gstrahlt ond se hend saumäßig Angst kriagt. Ond der Engel hat zua ne gsait:

»Ihr brauchet koi Angst han! Weil guckat no, i han euch ebbas ganz Wichtigs zom saga: A Riesafreud für s ganz Volk; euch isch heit nämlich dr Heiland gebora, des ischt dr Messias, dr Herr, drüba em Städtle vom David. Ond do kennet rn dra: r fendat a Kendle, eigwicklet en Wendla, on des leit en ra Fuatterkripp.«

Ond auf oimol send bei dem Engel en Haufa von de hemmlische Heerschara gwä, dia hent a Lobliad auf da Herrgott gsonga ond gsait: »Em Herrgott sei Ehr, ond Frieda bei dene Menscha, an dene mo dr Herrgott en Wohlgfalla hot.«

Mo no dia Engel wieder nauf en da Hemmel gfahra gwä send, no hend dia Hirta zoanander gsait:

»Auf gohts! Nom noch Bethlehem, dui Sach guckat mr a, mo do bassiert ischt ond mo ons dr Herrgott hot wissa lao. Ond se send anandernoch ganga ond hend d Maria ond da Josef gfonda, ond des Kendle ischt en dera Kripp drenglega.

Mo se des gseha hent, hent se überall romvrzählt, was na über des Kendle gsait wora ischt. Ond älle, mo des ghört hend, hend sich gwonderet iber des, was na dia Hirta vrzählt hend. D Maria hat sich älles gmerkt ond en ihrm Herzle bewegt. Ond dia Hirta send wieder abzoga ond hend uf da Herrgott a Lobliad gsonga für älles, was se hend höra ond seha därfa, so wia nen s gsait wora ischt.

Mehr als 25 Jahre lang hat der aus Kirchheim an der Teck stammende Pfarrer **Rudolf Paul** (*1933) »jede freie Stunde« damit verbracht, die Bibel ins Schwäbische zu übersetzen, und zwar direkt aus dem hebräischen und griechischen Urtext. »Im Dialekt ist man näher bei den Leuten«, hat der Ruhestands-Pfarrer erkannt.

Dia schwäbische Hirta

Manfred Eichhorn

Uf dr Schwäbischa Alb lageret Hirta em Feld,
Do ischs Feier scho am Verglüha,
Dr Done grad sei Nachtwach hält,
Wenn er eischloft, seis am verzieha,
Denn sonderbar ruhig isch dia heutig Nacht,
Do ka nix Orechts bassiera;
Außerdem hend se an Hond, der gibt acht,
Ond s Feier muss ma au nemme schiera.

Dia Schäfla standet dicht beinander,
Damit ses wärmer hend,
Bloß dr Vitus isch a wenig durchnander,
Guckt frogend aufs Firmament:
»Was isch des fir a heller Stern?
So strahlend wia a Diadem?
So noh sieht er aus, ond isch doch so fern,
Ond jetzt stoht er, glaub, über Bethlehem!«

Auf oimol wird's hell wia beim Funkafeier;
Am Bene schloddret glei d Knie,
A andrer verliert vor Angst sei Leier.
»Verschrecket et, Hirta, s ben doch bloß i,
A Engel, der eich d frohe Botschaft brengt;
Net mit Fanfara ond Trompeta –
Bloß a wenig Harfaspiel, ond dr Engelchor sengt,
Ond ganz leise bloset bloß d Flöta.

Doch basset jetzt auf ond spitzat d Ohra,
I moin, dass dia Nochricht eich gfällt:
Für eich wird heit s Christkend gebora,
Dr Heiland, dr Erlöser dr Welt!
Drom sauat los, ihr werrets scho fenda
Ond werret seha, es isch dr Fall:
Glei vor em Tor, am Stadtrand henda,
Liegts Christkendle ema Stall.
S wär nett, wenn ihr dem Kend was brenget,
Ebbes, was r halt grad hend.
Doch d Hauptsach isch, dass r jetzt sprenget,
Weil iber eich freits sich am moischta, des Kend.«

D Hirta send noh ganz benomma,
Ond koiner ka so recht, wie r will.
»Zu ons isch heit a Engel komma«,
Secht leise dr Bene, ond isch wieder still.
»Was a Engel oim secht, sott ma schier macha«,
Moint dr Fone ond steckt en sei Hos
Zwoi Oier, an Speck, fürs Kend a baar Sacha,
Grad wia de andre, noch ganget se los.
Ond folgat dem Stern am Himmelszelt,
Durch da hohe Schnee kreiz ond quer;
D Schäfle mähet ond dr Hond bellt,
Ond alls rennt henderher
Ond hot sich auf da Weg noch Bethlehem gmacht,
Om noch ama Kend zom gucka,
Denn en dera Heiliga Nacht
Will jeder mol s Christkendle drucka.

Bald druf send die Hirta akomma
Ond klopfet sachte a,
Hend d Gschenkla aus em Sack rausgnomma
Ond hoffet, dass mas braucha ka.
»I ben dr Vitus ond des isch dr Done«,
So stellet dia Schofhirt sich vor;
»Der mit em Karra do, den hoißa mr Fone,
Ond dr jüngscht isch dr Bene, glei nebam Tor.«
Dr oi brengt a Glas Hägamark,
Dia andre a Schneckanudel,
Sprengerle, Käs ond an Magerquark
Ond en Schwarzwälder Sprudel.
Fürs Kendle brengets vom Schäfle a Fell
Ond für da Esel a Futter,
Für da Josef a Halbe Schwobabräu hell
Ond für d Maria a Brezel mit Butter.

Dr Josef nemmts dankbar entgega
Ond drucket a jedem d Hand;
Dr Vitus guckt aweng verlega,
Er isch dr erste Gratulant.
No hot sich dr Bene ans Kripple traut,
Duats Kendle am Näsle stupfa
Ond streichlet d pfirischwoiche Haut
Ond froget: »Derf i s mol lupfa?«
D Maria nickt, sagt, dass se s net stört,
Ond dr Bene nemmt es ganz sachte raus,
D Hand onders Köpfle, wia sich des ghört
Hebt s hoch, jeder gibt sein Applaus.
So hebt ers a Weile ganz sanft en seim Arm
No legt er es zrück ens Kripple,
Ond froget da Josef: »S Kraut wär no warm,
Wia wars drmit, mit ma Ripple?

Ond trenket drzua a Gläsle Most?«
Des muass mr em Josef net zwoiml saga,
Dem schmeckt er so richtig, wenn er nix koscht,
ond lässt sich guat vertraga.

Dr Vitus moint: »Mir packet d Schof,
Mir soddet jetzt net länger bleiba!
Ihr brauchet nötig eiern Schlof,
Mir dent se hoimwärts treiba!«
Se wünschet sich älle a guate Nacht
Ond knieet no oimol vors Kendle,
Ond bevor se sich uf da Hoimweg hend gmacht
Brenget s em Christkend a Ständle:
»Stille Nacht, heilige Nacht«, sengets
Ond losset dia Sackpfeif leis blosa,
Dr Done hebt a: »Leit, mir kennets!
Heit freit me dr Dreck auf de Stroßa!«
Maria ond Josef bedanket sich:
»Des war jetzt gwieß net wenig!«
Ond dr Josef moint no: »Hoffentlich
Kommet net heit ao noh dia drei Kenig!«

Der Ulmer Autor **Manfred Eichhorn** hat Romane, Erzählungen, Sketche, Theaterstücke, Gedichte und Kinderbücher in Schwäbisch und Schriftdeutsch veröffentlicht. Wie seinem Buch »Der Schwäbische Nikolaus« gestaltete er auch in seiner Legende »Die Schwäbische Weihnacht« mit Gedichten und Liedern eine schwäbische Weihnachtsgeschichte, vom Aufbruch aus Nazareth – »ma Dorf auf dr Schwäbischa Alb« – bis zum Besuch der Hirten, beim »Christkendle ema Stall« der hier wiedergegeben ist.

Schwäbischs Hirtaliad

Fritz Holder

Kuehnacht isch gwea,
Nix hosch maih gseah
En sellra Nacht duss em Wald.
Schnell nei ens Haus
Ond nemme naus,
Gwendet hots eiszapfakalt.

A Fuir em Herd,
Descht ebbes wert,
Ond au a Speck uff em Brett.
Hend mitnand gessa,
Send a weng gsessa
Ond hend no wella ens Bett.

Uff oimol do schreit
Dr Christian: »Leit,
Kommet au schnell en da Schopf,
Do isch a Frau,
Ond an Ma' au
Ond a Kend mit ma ganz schöna Kopf!«

Mir hend no glei
Älle dia drei
End d Stub rei, es Kend ondr em Arm.
Narr, dia hots gfraora,
Et bloß an d Aohra,
Dia hend zittret, dass Gott erbarm.

Des Kendle, des schö'
Hot kriagt an Tee,
Ond dia Leutle an Schnaps ond an Moscht.
Guet hots en dao,
Gseah hot mrs gnao,
Gfrogt hend se, was denn des koscht.

Bleibet no do,
Sag i zua dem Ma',
Mir leget uff d Bank a wenig Straoh,
Dass ihrs woich hend
Mit uirem Kend,
A baar Deppich für uich hemmer ao.

Ons hots ed keit,
Dass mir dia Leit
Do bhalta hend uff dr Bank,
Dia hend sich gfrait
Ond zu ons gsait:
»Mir machet onseren Dank.«

Noch em Kaffee
Sait s Fraule: »Ade,
Mir ganget, s isch nemme so kalt.«
Wie se so gehnt,
Mit ihrem Kend,
Scheint wonderlich d Sonn überm Wald.

Fritz Holder (1932-1996) wuchs in der Tübinger Unterstadt auf und kannte sie bestens, die Tübinger Gôgen oder Raupen, also die Tübinger Weingärtner. Mehr als dreißig Jahre lang war Fritz Holder Redakteur beim Schwäbischen Tagblatt in Rottenburg. Im Verlag Schwäbisches Tagblatt erschienen seine Bücher »Raupeviertel« und »Gôgenmusik«. Fritz Holder schrieb dieses Gedicht 1972 zur Melodie des Tiroler Weihnachtslieds »Neand hot gwacht«.

Z Bethlehem em »Kreiz«

Helmut Engisch

En Bethlehem em »Kreiz« gohts zua,
Wia z Cannstatt uff dr Kirbe,
Dr Wirt hot koa Minütle Ruah,
Sei Wei', der schmeckt! Ond mirbe
Küechle geits heit ao,
Do denkt mr net so schnell ans Gaoh,
Do bleibt mr griabig hocka,
Do schont mr d Schuah ond d Socka.

Dr Schtammdisch hocket gnaglet vol,
Heit isches dene Manne wohl,
Se trenket Jeses-Hompa
Ond rauchet Zehnerstompa.
Ond nebaher wurd d Welt nei gschaffa
(Des goht am beschta mit ma Affa).
»Auf, Kreiz-Wirt!«, hoaßts, »lass laufa!
Mir hend nenz maih zom Saufa!«

Se hends vom Geld, vo Kend ond Weib,
Vom Kaiser ond vom Kenich,
Ond was oam noch de Steura bleib,
Des sei bei Weitem z wenich.
Ond gscholta wurd ao uff sell Gsetz
Vom Auguschd, sellem Erdafetz,
Der losst d ganz Welt jetzt schätza!

Drom isch de halb Welt uff de Fiaß,
Weil s schtoht em Gsetz, a jeder miaß
Selt na, wo n'r gebore'n isch,
Dass eahn des Gsetz ao gwieß verdwisch.
So geits grad gnueg zom Schwätza.

Doch vor mrs voll verkartet hot,
Konnt oar zor Dier rei, sait »Griaß Gott!«
Ond frogt, obs do a Kammer gäb,
Weil er hoiß Josef, ond s Weib häb
A Kendle onderm Hearza
Ond s geng schao a mit Schmearza.
Drom sott se naidich gruaba.
(Se moan, es gäb en Buaba.)

Dr Wirt verschrickt: »Du liebe Zeit,
Womöglich isch des bald so weit,
Des käm r jetzt grad gschliffa,
Uff sodde Gäscht isch pfiffa!«
Ond sait zom Josef: »I hao vol,
Geant weiter jetzt ond lebet wohl!«
Am Schtammdisch aber schtoht oar uff
Ond bruddlet: »Komm, du Sembel,
Lass doch die zwoa ens Schöpfle nuff!
Selt, bei deim Gruscht ond Grembel
Ond zwischa Heu ond zwischa Schtraoh,
Do kam r se doch schlofa lau!«

Jetzt ischr baff, dr Wirt vom »Kreiz«,
Doch mueßr zuageah: s Schöpfle geits,
Ond weil er nemme anderscht ka,
Bietet er s halt em Josef a.

So hot dia Sach am End no klappt,
Se send zom Schöpfle nieberdappt,
Dr Wirt, dr Josef ond sei Weib
Mit ihrem dicka, ronda Leib.
Ond d Schtammdischbrüader, selle Globa,
Dia hend vor Freid no manchen ghoba.

Wo se no hoam send, gega drei,
Mit schwere Köpf ond Fiaß wie Blei,
Do höret se uffs Mol a Klenga,
Als dädet dausend Engel senga.
Do denket se: »Du liabe Zeit!
Mir saufet z viel, jetzt isch so weit!
Jetzt hot eis s letschte Schtendle gschlaga,
Eis Jesaslompa gohts an Kraga!«

Mir wissets heit: s isch andersch komma,
A friedlichs End hot älles gnomma.
Dia Engel hend dr Welt verkendet,
Dass mr em Schöpfle s Christkend fendet.
Ao z Bethlehem em »Kreiz« hot vo
Deam Wonder mrs noh reacht lang ghet,
Ond d Schtammdischbrüeder send bloß no
Mit ama Heilgaschei' ens Bett!

Helmut Engisch stammt aus Oberndorf am Neckar. Nach dem Studium der Germanistik und Geschichte in Stuttgart schlug er in Horb, Freudenstadt und Sulz die journalistische Laufbahn ein und war Lokalredakteur bei den Stuttgarter Nachrichten, dabei auch als Kolumnist »Knitz« auf den Spuren der »Einzigartigkeit und der Absonderlichkeiten des schwäbischen Wesens« – wie es in seinem Buch »Ein Mönch fliegt übers Schwabenland« heißt. Seit 1992 arbeitet er als freier Journalist und Autor. Die Geschichte vom »Kreiz« zu Bethlehem schrieb er zu Weihnachten 2008.

Entwicklungshilfe

Sebastian Blau

I woaß et, ob s dean kleine schwaaza Mohr,
Sell Negerbüable mit seim Rollehoor
Ond Kugeläuglen, wia zo meire Zeit
Noh iatz em Weggetaler Kripple geit.
Ganz voane danne, aber weit aweg
Vom Stall ond Stean ists ghottret eme-n Eck –
Ond wär doch, wia dia fromme Schäfer ao,
So gearn debei gsei, hett ma s mittoa lao.
Selt sitzt s ond bettlet uf seim Kästle dob
»für d arme Heidekender« om e Gob.
Mir Kender aber hend dem Mohrle därfe
En Kreuzer oder zwee ens Kästle werfe,
Ond wenn s noh blechig kläppret hot ond klickt,
Hot s Mohrle druimol mit em Köpfle gnickt …
I woiß et, ob s des Negerle noh geit,
I woaß nao so viel, dass en aosrer Zeit
Koa Schwaazer maih wias s Mohrebüable nickt –
Und wemma m noh so viel Millione schickt.

Während der Vorbereitung zu diesem Buch hörte Edi Graf beim Sebastian-Blau-Abend des Rottenburger Mundart-Rezitators **Peter Nagel** dieses vergessene Gedicht. Da die hier besungene und bei den Kindern so beliebte Figur aus dem »Weggentaler Kripple« tatsächlich vor einigen Jahren aufgrund von Protesten aus der Krippenlandschaft entfernt wurde (und seitdem nicht nur von den Kindern vermisst wird) haben die Verse von **Sebastian Blau** ungewollte Aktualität bewahrt. »S Nicknegerle« (dieser Name war, ist und bleibt ein schwäbisches Kosewort für diese Figur – nicht mehr und nicht weniger!) gibt's nicht mehr – als ob der Altmeister der schwäbischen Dichter es geahnt hätte …! Vielen Dank an Peter Nagel und an den Rottenburger **Jürg Gaebele**, der den Text aus Sebastian Blaus 1978 veröffentlichtem Buch »Dr Has em Pfeffer« zur Verfügung gestellt hat.

Oiner von de Hirta

Mündlich überliefert,
aufgeschrieben von Edi Graf

D Kender hen en dr Schual a Bild von dr Krippe mola müassa. Dr Herbertle hot sich bsonders agschtrengt, ond da Ox ond da Esel gmolt, ond d Maria ond da Josef, ond nadierlich d Hirta mit de Schäfle ond sogar dia Heilige Drei Keenig. Ond no hot er extra no a klois Männle drzuagmolt, des hot richtig glacht.

Dr Lehrer hot no gfrogt, wer denn des sei soll.

No hot der Kerle gsagt: »Ha, des isch dr Owi!«

»Dr Owi?«, hot dr Lehrer gfrogt, »ond den gibts en dr Krippe?«

»Ha freilich!«, hot dr Herbertle behauptet.

Dr Lehrer hot iberlegt: »Vo de drei Keenig kas aber koiner sei, dia hoißet andersch. Vielleicht oiner von de Hirta?«

»Des woiß i net, Herr Lehrer. I woiß bloß, dass es en dem Liadle hoißt: ›Gottes Sohn Owi lacht' ...!‹«

Diese Anekdote vom »Owi lacht« wird im Schwäbischen in vielen Varianten erzählt und sorgt immer wieder für Heiterkeit.

Am Kripple en dr Kirch

Edi Graf

Am Sonndichmorga, noch dr Kirch,
Do goht en Vadder mid seim Kend
Uf d Kripp' zua, wo grad ufbaut war,
S isch kurz vor Weihnachd, em Advend.

»Jetzt saisch grüß Gott zu dene Leit,
Wo send en Bethlehem em Schtälle!«,
So sait dr Vadder zu seim Bua
Ond der begrüßt se wirklich älle:

»Griaß Gott, du Esel! Griaß de, Ox!
Ond griaß eich Gott, Sepp ond Marie!
Ond griaß de, liebes Jesulein!«
Des Buale, des goht jetzt uf d Knie.

»Griaß Gott, ihr Schäfle, griaß de, Goiß,
Ihr Hirta älle, grüaß eich Gott!«
Dr Vadder guggt nervös uf d Uhr:
Se soddet langsam wieder fott!

»Bloß no dia Keenig älle drei,
Mit ihrm Kamel, vom Morgaland!«
Er sait »Griaß Gott!« em Nama noch,
Ond ao: »Griaß Gott, du Elefant!«

Dr Vadder sait: »Mir müesset gau!
Jetzt saisch no gschwend ond brav ade
Zua dene Leit em Krippele,
No wars amole wieder schee!«

Dr Pfarrer hoggt em Beichtschtuahl drin,
Beobachtet ganz schtill den Bua,
Wia der so nett ond freindlich isch,
Ond horcht em no a bissle zua:

»Adele Esel! Pfiad de, Ox!
Marie ond Sepp, i sag ade!
Adele, liebes Jesulein!
Dei Kripple isch so wonderschee!

Ade, ihr Keenig älle drei,
Ade Kamel vom Morgaland!«
Dr Vadder sait: »Mach nore, jetzt!«
»Adele au, du Elefant!

Ade, ihr Schäfle ond du Goiß,
Ihr Hirta vor em Krippahaus,
Ade, ond bis zum nägschta Mol!«
No ganget se zur Kircha naus.

Am Beichtschtuahl goht ihr Weg vorbei,
Dr Vorhang isch no halber zua,
Dr Pfarrer guckt zum Fenschter naus,
»Adele, Kaschperle!«, sait dr Bua.

Bernhard Bitterwolf hat diese Geschichte gerne zum Abschluss der gemeinsamen Lesungen mit **Edi Graf** zu »Weihnachda auf Schwäbisch« als Witz erzählt, sein Freund und Kollege hat sie jetzt in Reimform gebracht.

Liachtmess, bei Dag ess

Liachtmess, bei Dag ess …

Wilma Baur

Da ganze Wender isch mr bei aos »z Schtuaba ond z Liacht« ganga, bis Liachtmess. Mr isch manchmol zur Ahna oder zom Ähne, manchmol ao zor Dota, ond wemmer guade Bekannte gheet hot, mo oin meeget, dia hend ao gsait: »Kommet ao zo mir z Liacht!«

Ond do wars almol soo schee, mr hot a warme Schtub gmacht, mr hot scho gwisst, dass d Nochber kommet, ond s war allmol a gmiadlichs Beianandersei. Manchmol isch ao spät worda, zehne oder ao elfe. Wemmer eigschaffet gheet hot, uf em Feld, ond mr war feetig, no hot mr nemme so uf d Uhr gugged.

I ka me no ganz guat erinnra: Mir hend en Nochber gheed friher, der ischt halt äll Johr baar mol z Liachd komma. Dr Josef – so hot r ghoißa – hot r allemol s »Neinemola« mitbroocht – heit sait mr jo »Mühle« – aber friher hot mr »Neinemola« gsait. Der Nochber, der hot sei Neinemola emmer selber ufzoachnet uf en Babbadeggl na. Do hot kenna mitmacha, wer hot wella, dr Josef hot halt gwonna. Ond der hot alweil gsait: »No mach i mei Miehle zua ond schnapp dir weg dia Kuah!«

Dr Josef hot emmer als Spielschtoi de schenschte Bohna rausgsucht. Do hot r gelbe mitbroocht ond weiße ond manchmol ao raote, ond do hot er almol en Stolz gheet, dass r scheene Bohna gheet hot zom Spiela.

Wemmer no gnuag Neinemola dao hot, no hot mr ao afanga Gaigla, also Kaata spiela. Mr hot en Vierspänner gmacht oder ao – wenns viele Männer ond Fraua gsei send – en Sechsspänner.

Des war almol friher dr Zeitvertreib, wenn dia lange Obed komma sen ond mr so a Schtub voll Leit gsei isch. No hot mr ao verzehlt, »wer heiret em Flegga s nägschd Johr?« oder »wer a neie Bekanntschaft macht …« Mr hot was gessa drzua, ond dr Vadder hot allmol a Krüagle Moscht rufgholet, ond no hot mr alte Liadr gsonga. Des war so en richtiga gmiatlicher, warmer Obed ällamol, dr »z Liachtobed«.

Wenns nadierlich nemme kalt isch, no haert des so ganz langsam uf, s »z Schtuaba ond z Liacht« gao. Däg wend jo ao wieder länger, ond no hot mr ao wieder am Dag gveschpret am Obeds. Mr hot miaßa so langsam dra deeka, wia ma s Feld bschtellt, ond Mischt fiahra, wenns Wedder mitdaoh hot. Do wars rom mit Fauleeza!

Vo Reachts weaga hoißts drom ao: »Liachtmess, bei Dag ess – s konkla vergess!«

An Mariä Lichtmess (2. Februar) endet die Weihnachtszeit. Christbäume werden aus den Kirchen entfernt, die Krippen eingepackt. Für Mägde und Knechte begann die Feldarbeit und sie bekamen vorher noch einmal frei. Und es endete die Zeit der »Hohstuben«, »Kunkelstuben« oder »Lichtstuben«, in denen man, wie hier von der Wurmlingerin **Wilma Baur** erzählt, gemeinsam die langen Winterabende verbrachte.

Zom Altejohrobed

Heinz-Eugen Schramm

Älls nemmt uf dr Welt en End,
So ao dr Kalender.
Wieder sait a Johr: »Ade!«
Ond lupft da Zylender:

»Bleibet jong em Herza dren,
Haltets mit dr Sonna
Ond verlernet s Lacha et,
No isch s moischt schao gwonna!

Nix für aoguat, i muaß fort!
Machet halt so weiter,
Schließle send r jo durch mi
Om a Jährle gscheiter!«

Er sei »zwar nur durch Zufall in Ulm« geboren, sagte **Heinz-Eugen Schramm** von sich selbst. »Gebore bene – s därf me jeder froge – z Ulm a dr Dona, glei beim Münsterplatz, ufzoge woare bene bei de Gôge«, schrieb er in dem Gedicht »Was mi betrifft«, und weiter sagte er, er sei »auch als Tübinger stolz auf den wiefen Ulmer Spatzen!«. Der Ausdruck »Altejohrobed« oder »Altjohrobend« meint natürlich unser heutiges Silvester.

Guad-Nacht-Gebet zum Johreswechsel

Bernhard Bitterwolf

Liabr Herrgott, s isch doch so:
Vorsätz machet d Menscha froh!
Des allerbeschte »Ruhekissen«
Sei, so hoißts, a guads »Gewissen«.
Drum moin au i, kurz vor Neujohr,
Etz nimm i was Gscheids mir vor:
Nemme raucha, nemme saufa,
Öfters mol im Wald rumlaufa.

Vitamine sottets sei
Und äll Woch oi Mol bloß Wei.
Dr Alkohol wird reduziert
Und au s Essa minimiert.
Liabr Herrgott, gell, s isch recht?!
Oi Bitt hätt i: Was i mecht
Isch für di a Kloinigkeit,
Dann endet mei Gebet für heit.

Dass mei Konto auf dr Bank
It auf ewig bleibt so schlank.
A dickes Konto sott i hau –
Mein Bauchumfang kasch schmelza lau.
Mein Ranza, klar, der sott sei dünn,
Do drnoch schtoht echt mein Sinn –
Ranza minus, Konto plus!
Amen, sag i, etz isch Schluss.

Herrgott, denk dra, s isch jo wohr, verwechsles it, wia letschtes Johr!

A Weihnachdsgschichd

Hanno Kluge

Hend ihr gwissd, dass oinr von de Heilige Drei Keenig a Schwob gwä isch?
Doch, doch, dr Kaschper!
Der hot, wia älle Schwoba, ganz praktisch denkt.
Der hot dr Maria zu ihrem Kendle gratuliert und gsagt:
»Ois muaße saga:
Dean Termin hendr fei gschickt glegt.
Lauter Feierdäg!«

Hanno Kluge, der 1945 in Sindelfingen das Licht dieser Welt erblickte, wuchs in Böblingen auf, verdiente sich sein täglich Brot als Lehrer an der Sprachheilschule Sindelfingen und befasst sich seit 1980 mit seiner Heimat und der schwäbischen Mundart. 2002 und 2008 erhielt er den »Sebastian-Blau-Preis«.

Sternsenger

Margrit Höfle

No et ganz send d Liader vom Christtag verhallt,
Wird schao wieder probt, denn Dreikenig ischd bald.
Dia Sternsenger sottet zom Eisatz ao fit
Ond güabt sei, suschd könnet se des Johr et mit.

Ond mitsenga dürfa, des ischd halt a Ehr,
Für dia geit ma gern a baar Urlaubstag her.
Se senget ond saget, se kämet vo weit
Ond seiet gern glaufa, ao wenns dussa schneit.

Se standet e r Kälte dert duss vor dr Dür,
»Jo, kommet doch rei, ihr verfrieret jo schier!«
Dr Gröschd mit am Weihnachtsstern lauft vorna draus,
Ond älles stemmt ei: »Guaten Obed em Haus!«

Dr Balthes, dr Melcher ond ao seller Mohr,
Dia kommet oim wie kloine Hoheita vor,
Mit goldene Krona ond Schminke em Gsicht,
So senget se Liader ond saget Gedicht.

Se traget für d Spenda a Bix mit sich rom
Ond saget, dass älles noch Afrika komm.
Ma brauchs dert ganz needig, drom danket se schee,
Se schreibet a d Hausdür na: »C«, »M« ond »B«.

No kriaget se Geld en dia Opferbix nei,
En d Dascha Schoklad ond ao Bombole drei.
Jetzt danket se nomol ond senget em Chor,
Se wünschet ons älle »a glückseligs Johr«!

Margrit Höfle stammt aus Albstadt-Ebingen und lebte in Spaichingen. Die gelernte Kauffrau, Musikerin und Volkshochschuldozentin schrieb ebenso humorvolle und originelle wie knitze und hintersinnige Gedichte und Prosatexte auf Schwäbisch und zweisprachig schwäbisch/schriftdeutsch.

Kameltreiber bei de Hoilige Drei Kenig

Ludwig Hägele

Jedes Johr ischs Gleiche gwäa: I sieh no mei Muatr wocheweis vor Weihnachte a dr Nähmaschi hocka und aus lauter Trikotabfäll Kittel näha. Für d Hirta, für da Josef und für dia Hoilige Drei Kenig, wo in eisrem Krippaschbiel vorkomme sind.

Was hane mei Muatr und mein Vaddr ploget, ob e it au mitdue derf bei deam Theater! Aber älleweil hots ghoißa: »Noi, du bisch no z kloi!« I haus schier it vrwaate könne, bis so weit gwäa isch, und wone mit feif Johr am Nikolausobed vor dr ganze Gmoind de erscht Schtrof vom »Ihr Kinderlein kommet« ohne Schteckableiba rausbrocht hau, hot eiser Bfarrer zue mir gsait, i dirfs nägscht Johr beim Krippaschbiel mitdue. Selbigsmol bine hoimkomma mit ama Gsiecht, wia wenns Chrischtkindle samt em Nikolaus uff oimol komme wär.

I woiß no guet, wo ma d Rolle vrdoilt hot. I hau nadierlich kloi afanga müessa wia älle grauße Schauschbieler. Und wo me mei Graußmuatr gfroget hot, was e denn jetzt schbiel, häbe ganz begeischtert gsait: »Ich bin ein Gefolge.«

»So«, hot d Oma gsait, »du bist ein Gefolge. Und wem folgst du da?« (I mueß drzue sage, dass mei Oma it schwäbisch gschwätzt hot, bloß hochdeitsch und franzeesisch, drum hane mit ihra au bloß hochdeitsch gschwätzt.)

»Also, weißt du, Oma, ich bin bei den Heiligen Drei Kenigen. Als Schklave.«

»Erstens«, hot d Oma gsait, »heißt es nicht Schklave, sondern Sklave, und zweitens – also das sind mir schöne Heilige, wenn sie Sklaven haben.«

I mueß sage, dass mir domols dr sozio-ökonomische-theologische Durchblick total gfählt hot. Drum hane au nix gsait und bloß denkt: Hauptsach – i schbiel. Da Dag druff hot man no da Text vrdoilt, aber weil i it so fließend hau läase könne, hot ma mr dean gotziga Satz glei so beibrocht. Dean vergiss i nia. Zersch hot me dr Mohrakenig Kaschpar gfrogt: »Sag an, wie geht es unseren braven Tieren?«

No hane sage müessa: »O Herr, die Kamele laben sich.«

Den Satz hane glei auswendig könne. Wo d Schuel rum gwäa isch, bine d Schtiage nagsaut und hau älleweil vor me na gsait: »O Herr, die Kamele laben sich, o Herr, die Kamele laben sich …«

Beim Huetmacher Staim ums Eck num isch mr de alt Frau Doktor Binz verkomme, und schtatt »Grüß Gott« wia suscht hane gsait »O Herr, die Kamele laben sich«.

D Schtiaga nuff, nei in d Kuche, und glei isch weiterganga: »O Herr, die Kamele laben sich.« Vor lauter Begeischterung hane zersch gar it gmerkt, dass mei Onkel grad beim Veschbre am Disch ghocket isch. Glicklicherweis hot der Humor ghet, suscht …

Er hot me ausgfrogt, was i denn so mache müeßt, und wonems vrzehlt hau, hotr gsait: »Also du bist ein Kameltreiber. Weißt du, was Kameltreiber sind?«

»Nein.«

»Kameltreiber sind im Orient das, was bei der Hohenzollerischen Landesbahn die Lokomotivführer sind.«

Lokomotivführer isch domols jo mein Traumberuf gwäa. Und jetzt hot se in meim Hirn älles mitnand vermischt, sodass e bald nimme gwisst hau, ob i jetzt a Sklave oder a Kameltreiber oder a Lokomotivführer bei de Hoilige Drei Kenig bi.

Bei de Proba isch gange, wias halt so goht: oimol besser, oimol schläechter. Aber mein Satz, der isch komme wia aus dr Bischtol gschossa. Dr Kenig Kaschpar isch dr Paule Gerlach gwäa, also a Alter. Der mueß selbigsmol mindeschdens scho vierazwanzg, fimfazwanzg gwäa sei. Normalerweis hot der mit mir nia gschwätzt. Högschdens, dass r amol in Sack glangt hot und a baar Zehner rausgrublet und zue mr gsait hot: »Hol mr au im Drei Kenig a Fläschle Bier.«

No bine gschprunge. Und wia! Wenn des a andrer zue mr gsait het, wäre bloß gloffa. Desch halt dr Unterschied zwische dirfa und müessa. Und dass i mit deam zema Theatr schbiela derf – also des hot me nomol richtig glupft. Bei de Proba isch Gerlaches Paule, also dr Kenig Kaschpar, nia schwaaz gwäa. Aber noch isch dr Dag vo dr Aufführung komme. Wenne sage dät, i het Lampafiabr ghet, no wär des viel zwenig. In meim Oberschtüble isch langsam älls aweng untranand neikomme: »O Herr, die Lokomotiven laben sich, noi, die Kamele lokomotiven sich, die Herren kamelen sich, die Kamele herren sich ..., o Herr ...«

Mei Graußmuatr hot scheints gmerkt, dass mit mir ebbes it ganz schtimma ka.

»Komm, Junge«, hot se gsait, »ich lese dir was vor. Aus deinem Lieblingsbuch.« Des hot suscht bloß dr Opa dau. Aber worum soll d Oma it au vorlease? Mei Lieblingsbuech hot ghoiße »Seliko, der dankbare Afrikaner«. Und do ischs um an Sklaveaufschtand z Amerika gange. Aber i hon bloß mitm halbe Ohr zuegloset. Geischtig bine scho inra ganz andre Himmelsrichtung gwäa ...

Am Obed isch mei Kenig Kaschpar s erscht Mol richtig schwaaz gwäa. I hau jo scho zuegucket, wianer des gmacht hot. Mit Schuewichse und Rueß. Und sisch jo au Gerlachs Paule gwäa. Wo se der aber rumdräht hot und mit de Auge hot afanga rolla, no isch mirs doch ganz anders worre. Und gschmeckt hot der so komisch. It noch Weihrauch und Myrrhe, wia ma so gsait hot. Ender noch Schuewichse und Schlossbräu. Desch mr komme, weilr ällemol untrem Disch a Fläschle virrezoge hot, wenn dr Bfarrer amol naus isch aus eiserer Garderoba.

Zmol dräht er se uff seim Schtuel rum, rollt d Auga und sait zue mir: »So, jetzt brobiere mr nomol. Also: Sag an, wie geht es unseren braven Tieren?« I wär am liebschta vor Schreck vrdloffa – so a Schtimm hot der uff oimol ghet. Wia an Goischt. Ganz diaf. Mit Müah und Not hane mein Satz rausbrocht: »O Herr, die Kamele laben sich.«

»Des muaß lauter komme«, hotr gsait, »viel lauter! Uff dr Bühne nachher machsch du des scho, gell!«

Am liebschta het e mei oriendalische Kameltreibersbeitscha glei furtkeit, wo se mr in d Hand druckt hent. Ieberhaupt, Kamelbeitscha – desch nix anders gwäa wia an agsäegeter Debbichbatscher mit a baar nabäppte Schnür. I bi unter meim Turban älleweil kloiner worre und wär ums Hoar no vrdloffa. Bis mei Vaddr reikomma isch und mi aguckt.

»Prima, wie du aussiehst«, hot r gsait. Aber wenn der gwisst het, wias bei mir inwendig aussieht, no wärer it so sicher gwäa.

Des Schtick hot a sellem Obed fir mi dauret und dauret. I hau gmoint, mir kämet bald nimme dra. Aber no hot mr dr Bfarrer an Bätsch uff d Schulter gea und hot gsait: »Auf, jetzt bist du dran!«

No bin e halt naus uff dia Bühne. Dr Brauereisaal isch druckt vol gwäa. Aber vor lauter Leit han i koin oinzelna meh kennt. It amol meine Leit.

Und wiane uff da Kaschpar zuelauf, fangt doch der wieder a mit de Auge z rollet! I hör en no, wianer in Saal neischreit: »Sag an, wie geht es unseren braven Tieren?!!«

No bin e dogschtande mit meim Kameldebbichbatscher; gschlottret hane, wia wenns dreißg Grad Kälte het und it dreißg Grad Hitz wia en deam Saal. Und vor lauter Angscht hane halt au gschriea, laut, dass älle s ghört hent bis in hinterschte Winkel nei: »O Herr, die Kamele loben dich!«

Gmerkt han i eigentlich zerscht nix. Bloß im Saal isch a weng uruhig worre. No goht dr Kaschpar uff me zue und nimmt me um d Schulter rum und isch plötzlich wieder dr Paule Gerlach gwäa. Und an ganz alte Theaterhas. Sait der doch: »Mein Freund, ich habe nicht recht gehört … was sagst du da?«

No hotr me aguckt, wia wennr me hipnodisiera möcht, und hot mr mit de Lippa mein Satz vorgsait. No hanes halt nomol packt: »O Herr, die Kamele laben sich!«

Im Saal isch wieder a weng uruhig worre, aber mir sind a baar Schtoiner vom Herza gfalla. Am andre Dag hot mr eiser Nochber gsait, i sei scheints ganz prima gwäa, hab er gheert. Desch mr no na wia Öl. So sind halt d Kinschtler.

Der Journalist **Hans Müller** hat die Schwäbische Zeitung geprägt wie nur wenige andere. Als er 1949 mit 27 Jahren sein Volontariat beendete, war sein Lebensweg vorgezeichnet: Er baute den Sportteil der Zeitung auf, formulierte aber auch Leitartikel, Theaterrezensionen und Erzählungen. Unter dem Namen **Ludwig Hägele** schrieb er für die Wochenendbeilage der Schwäbischen Zeitung viel beachtete Kolumnen in schwäbischer Mundart, die auch in Buchform erschienen sind.

Mir sind dia drei Kenig

Volksweise aus dem Allgäu

Mir sind dia drei Kenig
Und scho so lang uffm Weag,
Iber Berg, iber Boscha,
Ohne Bruck, ohne Steag.

I bi dr reich Kaschber
Ond a Gold bring i dir,
Do kauft dir dei Muatter
Nommas z Esset drfir.

I bi dr alt Melchior,
Han en Weihruch em Sack,
Der bringt in da Schtall ni
En bessera Gschmack.

I bin dr schwaz Baltes,
A Mirre bring i,
Wenn Weh hosch, beim Zahna,
Denn nimms, s isch fir di!

Dreikenig

Paula Renz

En kloine Kerle kommt am Dag noch Dreikenig in d Schual und schwätzt mitm Lehrer: »Herr Lehrer, mir hend geschdern Drillinge kriagt. Drei Buaba! Etz han i mit oim Schlag drei Brüderla!«

»Jo«, hot dr Lehrer do gsait. »Ond des an Dreikenig! Dia hoißet sicher Kaspar, Melchior und Balthasar?«

Drauf der kloi Kerle: »Herr Lehrer, i glaub it. I hau bloß da Babba höre saga: Himmel, Arsch und Zwirn!«

Mit ihren über 80 Lebensjahren erfreut »Oma Paula« ihr Publikum landauf, landab mit ihrem bodenständigen Humor. Wenn **Paula Renz** aus Ahlen am Federsee Witze erzählt, bleibt kein Auge trocken. Ohne mit der Wimper zu zucken, setzt sie ihre Pointen und sorgt so für regelrechte Lachstürme. Zu einem Kassenschlager hat sich »Oma Paulas Witzbüchle« entwickelt.

Wia d Linsa auf d Schwäbisch Alb komma send

A Gschicht frei nach dem Matthäus-Evangelium

Bernhard Bitterwolf

Noch ihrem Bsuch an dr Krippe standet dia Hoilige Drei König, dr Kaschper, dr Melches und dr schwaaz Baltes, vor dem Stall zu Bethlehem. Dr alte und weise Melches schwätzt, no ganz ergriffa von dr Begegnung mit dr Hoiliga Familie, auf seine zwoi Kollega ei: »Mir kennet etz it aufm direkta Weag wieder hoim. Auf gar koin Fall dürfet mir zruck in den Palast vom Herodes. I trau dem Schlawack it über dr Weag, bei dem Kerle hon i glei vo Afang a koi guads Gfühl ghett. Mir dont oifach so, als seiet mir immer no auf dr Suche noch dem neugeborena Königssohn. Mir wandret weiter Richtung Weschta. I bin sicher, em Herodes seine Scherge verfolget uns. Mir führet dia Bachel oifach in d Irre und verschaffet dem Josef, seiner Maria und dem Jesuskindle Luft und Zeit!« Dodrauf na maulet dr Kaschper zwar: »Oh je, i hon meinra Frau versprocha, i komm glei wiedr hoim. Des gibt sicher wiedr Ärger drhoim. Abr, Melches, i glaub, du hosch reacht. So machet mrs!«

Dia drei Hoilige schnaufet tief durch und ziehet los. Se kommet durch unwirtliche Gegenda, stroifet Wüstena, überqueret Bäch, Flüss und Meer, bis se noch viele entbehrungsreiche Wocha und Monat auf ihra Wanderung nauf auf d Schwäbisch Alb kommet. Dr Baltes guckt sich um: »Menschenskind abr au, des isch vielleicht a karge Gegend. Do wachst it viel, abr Stoinr hots wia Sand am Meer. Dass ma do überhaupt leaba ka?! Etz bin i mol auf dia Eigeborena gspannt!«

In dera Nacht, in der dia drei Hoilige König im Windschatta voma alta Schopf ihr Lager aufgschlaga hond, fangts a schneia und hört nemma auf. Dr Baltes schtaunt it schlecht über dia große weißa und kalte Flocka, dia er aus seiner Hoimet it kennt. Weil se auf ihrer Wanderung längst alle Kamel und em Baltes sein Elefant verkauft oder gega Nachtlager und Essa eitauscht hend, müsset dia drei König trotz Schneetreiba bei Tagesanbruch per pedes, also z Fuaß, weiter. Dr Hunger und d Kälte ploget, des Schneetreiba nimmt d Sicht und s Hoimweh macht sich in de Herza broit. Dr ganze Dag schneiets und ersch obends sehat se z'Bernloch Licht in ra Herberge. Leider hanget a Schild im Fenster: Heute Ruhetag. Auf ihr Klopfa na macht dr Wirt dann doch d Tür auf, zögert bloß kurz und losst se trotz ihres fremdländischa Aussehens in sei Gaststub. Am warme Kaminfeuer stellet sich dia drei als König ausm Morgaland vor und verzählet, was se alles erlebt und geseha hend auf ihra Reis in de letzschde Monat. Dr Wirt moint, dass er scho gerüchteweis von dene Heilige Drei König und ihra Wanderung durchs Ländle ghört häb, abr dia Gschicht it reacht glaubt hot.

Dr Sohn vom Wirt, dr kloine Ernst, staunt, kriagt s Maul nemme zua und froget: »Wenn ihr drei Gstalta echte König sind, wo hondr dann uire Krona?« Wia auf Kommando langet dia drei Fremde in ihre Rucksäck, hollet ihre Krona raus und setzet se auf ihre Köpf. A Funkla und Leuchta erfüllt de ganz Stub. »Des ischs oizig Wertvolle, was uns auf unsra Reis no blieba isch«, erklärt der Melches. »Alles andere hommr hergeaba, verkauft oder gega Essa eitauscht. Dia Krona müsset mir unbedingt bhalta, weil dia Hochzeitsgschenk von unsere Königinna waret.«

Bei Schafsbrota und reichlich Wacholderschnaps wirds dann no en ganz gmüatlicha Obend. Dr Wirt legt a baar Scheitla Holz ins Fuir und dia Heilige Drei König singet Lieadr aus ihra ferna Hoimet im Morgaland. Allerdings verschdanded weder dr kloi Ernst no sein Vaddr den Text. Liegts an dera fremdländischa Sproch oder vielleicht doch am Schnaps?

Au dia zwoi Älbler lond sich it lumpa und schmettret ihr Lieblingsliad:

Es schneialet, es beialet, es goht en kalter Wend,
Es fliagt a schneeweiß Vegale aufs Köpfle jedem Kend.

Es schneialet, es beialet, es goht en kalter Wend,
Dia Mädle zieaget Handschua a, dia Buaba laufet gschwend.

Es schneialet, es beialet, es goht en kalter Wend,
Hosch du a Stückle Brot em Sack, noh gibs ma arma Kend.

Es schneialet, es beialet und d Baura führet Mist,
Se sitzet auf da Wage nauf und schreiet »hott« und »wischt«!

Es schneialet, es beialet, es goht en kalter Wend –
Und wenn dr Kuckuck d Mädla holt, no isches au koi Sünd!

Am nächsta Morga, als es ans Zahla goht, kommt a bissle Verleagaheit auf. »Mir hond nix meh, koi Myrrhe, koin Weihrauch und scho gar koi Gold. Trotzdem mechtet mir uns gern erkenntlich zoiga«, sagt dr Kaschper und holt a Leinasäckle aus dr Innatasch in seim Mantel. Der Älbler-Wirt wehrt zersch ab, nimmt abr des Geschenk dann doch mit ma herzlicha »Vergelts Gott« a, als er hört: »In dem Säckle isch Saatgut für Linsa. Des sind Hülsefrücht, dia au auf trockene Böda und bei rauem Wind wachset. Bei uns im Morgaland möget des d Leit arg gern. Des isch sogar d Leibspeis von meinra Königin.« Beim Gedanka an drhoim standet dem Kaschper Träna in de Auga. Der Melches nimmt en am Arm und sagt beim Weglaufa zum Wirt: »S isch it sicher, ob mir unsere Verfolger scho abgschüttlet hend. Mir brauchet no a bissle Vorsprung vorm Herodes seine Weidäg. Sag bitte niemand was von unserm Bsuach bei dir in deiner Herberge. Verhebs no bis Oschtra, bis dann sind mir scho längst jenseits vom Bodasee!«

Mit dem Liad »Es schneialat, es beialet ...« auf de Lippa, ziehet dia Heilige Drei König über Pfronstette, an dr Wimsener Höhle vorbei ge Zwiefalta und dann nei ins Oberschwäbische. Überall werret se gastfreundlich aufgnomma und verkündet dia Heilsbotschaft: »Uns isch a Glück aganga. Dr Heiland, dr Retter der Welt isch gebora! Freiet eich!« Manche Wirt hond ihre Gasthäuser, in dene dia Heilige Drei König von ihrem Erlebnis z Bethlehem an der Krippe verzählt hend, bassend zu dem prominenta Bsuach umbenannt. So findet mir heut no in Bad Saulgau en »Dreikönigskeller«, in Reute bei Bad Waldsee a Wirtschaft »Drei König« und in Hagnau a Bodaseehotel »Dreikönig«.

Viele moinet, Alb-Leisa hätts scho immer auf dr Schwäbischa Alb geaba. Des stimmt so it! Wenn ihr heit Linsa aufm Teller hond, denket dra: Seit der Zeit von Chrischti Geburt isch d Welt zammagrückt. Auf dem Globus hängt alles vonanand ab, alles isch mitanand verflochta. Mir sottet desweaga immr wiedr aufs Neue Zoicha geaba, Gastfreundschaft pflega, aufanand achte und uns um andere kümmra. Alle sind mir Kinder Gottes, egal wia mir hoißet, wo mir drhoim sind, wia mir zu unserm Herrgott saget, welche Sproch mir schwätzet.

Und denket au dra: Hülsafrücht wia Linsa verbindet dr Orient mit em Okzident. Mir sind dene Menscha ausm Morgaland bis zum heutiga Tag für des Saatgut zum Dank verpflichtet. Alle Leit, egal ob reich, ob arm, egal, ob se auf dr Nord- odr dr Südhalbkugel leabet, esset gern Linsa. Abr bsonders guat schmecket se, des woiß jo jeder halbwegs kulinarisch Gebildete, mit Spätzla und Soitawürschtla. Und weil des fascht süchtig macht, kennt mas au als schwäbisches LSD: Linsa, Soita, Doigwara!

Unser Schwäbisch ist sehr facettenreich und hat einen großen Wortschatz. Heute werden aber despektierliche Begriffe wie »Schlawack« oder »Weidäg« (leider) kaum mehr verwendet. Als *Schlawack* wird ein unzuverlässiger, schlampiger Mensch bezeichnet. Der als Schimpfwort gebräuchliche *Weidag* leitet sich von »Wehtag«, einem Tag voller Schmerzen, ab.

Januar

Sebastian Blau

Iatz wend d Täg schao wieder länger,
Iatz hot d Sonn schao wieder Kraft.
Kriagt ma-n-ao noh klamme Fenger,
Wemma schäfflet oder schafft.

Muaß ma-n-ao noh s Liacht verbrenne,
Iatzet gohts mit jedem Tag
Fürsche, iatz hoaßts waate könne,
S Leabe kriagt en nuie Schlag.

Send ao d Äcker, send ao d Felder
Tiaf vergrabe noh em Schnai –
En zwee Monet oder bälder
Wuuds gaoh wieder anderst sei.

Februar

Sebastian Blau

Dusse hots noh Schnai ond Eis,
Schleifetse ond Schlittebahne,
Aber hentrem Ofe d Ahne
Klagnet über Reißmattheis.

S Behnelädle, sait se, häb
Heut de ganz Naacht wieder gschlage –
O sie kö'ts bigott vertrage,
Wenns bald ander Wetter gäb.

D Ahne spierts, drom naus vors Haus,
Heut noh Schlitte gfahre, Kender!
Moane morge lauft dr Wenter
Schao vielleicht zom Kehner naus ...

Am 2. Februar, dem noch weihnachtlich geprägten Fest »Maria Lichtmess«, stehen in vielen Kirchen die Krippen und in manchen Haushalten sogar noch die Christbäume. Winter ist zu dieser Zeit allemal noch, und darum sind diese beiden »Klassiker« von **Sebastian Blau** genau die passenden Gedichte, um das Buch zu beschließen, so wie wir es mit seinem Novembergedicht begonnen haben ... *Fürsche* heißt vorwärts, mit *Reißmattheis* ist Rheuma gemeint und als *Kehner* wird die Dachrinne bezeichnet.

Verwendete Literatur

Beck, Albin: Jeden Tag stoht a Dummer auf. Silberburg-Verlag, Tübingen 1998.

Bitterwolf, Bernhard (Hrsg.): Oma Paulas Witzbüchle, Schwäbisches zum Totlachen. Silberburg 2013.

Bitterwolf, Bernhard (Hrsg.): Schwobakäpsele. Silberburg-Verlag, Tübingen 2010.

Blau, Sebastian: Dr Has em Pfeffer. DVA 1978.

Breitschmid, Hugo & Bitterwolf, Bernhard: Wolkakratzer. Schwäbisch gedichtet und gereimt. Silberburg-Verlag, Tübingen 2008.

Breitschmid, Hugo: Flieag, Schwob, flieag. Schwäbische Gedichte. Silberburg-Verlag, Tübingen 2010.

Büchele, Berthold: Schwäbisch g'sunge. Lieder und Bräuche aus Oberschwaben und dem Allgäu. Herausgegeben von der Arbeitsgemeinschaft Heimatpflege im württembergischen Allgäu.

Dobler, Kurt: Onser Hoimet. Verlag Karl Knödler, Reutlingen 1976.

Eberle, Josef: Die Schwäbischen Gedichte des Sebastian Blau. Deutsche Verlags-Anstalt, Stuttgart 1947.

Eichhorn, Manfred: Der Schwäbische Nikolaus. Silberburg-Verlag, Tübingen 1997.

Eichhorn, Manfred: Die Schwäbische Weihnacht. Silberburg-Verlag, Tübingen 1995.

Eichhorn, Manfred: Wenn's draußa langsam dunkel wird. Silberburg-Verlag, Tübingen 2001.

Fischer, Lore: Von Adam ond Eva bis zu de Schwoba. Verlag Karl Knödler, Reutlingen 1988.

Gern, Bruno: Des lass dr gsait sei. Verlag Karl Knödler, Reutlingen 1981.

Gerster-Schwenkel, Hildegard: Was schenk' i bloß? Verse mit Geschenkideen. Silberburg-Verlag, Tübingen 1999.

Graf, Edi: Weihnachda auf Schwäbisch. Geschichten und Verse freigeschippt von Edi Graf. Silberburg-Verlag, Tübingen 2012.

Haas, Erwin: Ällaweil gradraus. Verlag Karl Knödler, Reutlingen 1983.

Hepperle, Manfred: Der Maulwurf. Verlag Manfred Hepperle 1982.

Höfle, Margrit: Ob's au gnuag Himmel geit? Silberburg-Verlag, Tübingen 2000.

Holder, Fritz: Gôgenmusik. Verlag Schwäbisches Tagblatt, Tübingen 1992.

Holder, Fritz: Raupeviertel. Verlag Schwäbisches Tagblatt, Tübingen 1990.

Klein, D. H. und Dr. T. Müller-Roguski (Hrsg.): Das altdeutsche Weihnachtsbuch. Bechtermünz Verlag, Eltville 1996.

Koch, Matthias: Kohlraisle. Adolf Bonz & Comp., Stuttgart 1930.

Köder, Kurt: Heidanei! Geiger Verlag, Horb 1986.

Köder, Kurt: Heidanei nomol! Geiger Verlag, Horb 1988.

Lämmle, August: Es leiselet im Holderbusch. Fleischhauer & Spohn, Stuttgart 1943.

Lämmle, August: Oiges Brot. Fleischhauer & Spohn, Stuttgart 1914.

Lämmle, August: Sonnestrauß. Eugen Salzer Verlag, Heilbronn 1926.

Müller, Hans: Ihr Ludwig Hägele. Verlag der Schwäbischen Zeitung.

Naegele, Robert: Schwäbische Weihnachts-Geschichten. Maximilian-Dietrich-Verlag 1981.

Oswald, Doris: Do guck naus. Silberburg-Verlag, Tübingen 2011.

Oswald, Doris: Wenn d Sonn rauskommt. Silberburg-Verlag, Tübingen 2005.

Reck, Rösle: Älles ischt menschlich. Verlag Karl Knödler, Reutlingen 1986.

Rehm, Hermann: Jetz do guck na. Heitere Verse von Land und Leit und unserer Zeit. Hermann Rehm Verlag 2008.

Rehm, Hermann: 's ganze Johr ischt ebbes botte. Silberburg-Verlag, Tübingen 2000.

Ried, Georg: Allgäuer Weihnacht. Brack Verlag, Altusried 2010.

Schill, Hilde: Moosrösle. Verlag Karl Knödler, Reutlingen 1982.

Schill, Hilde: 's Schatzkämmerle. Verlag Karl Knödler, Reutlingen 1980.

Schramm, Heinz-Eugen: Ein Schwäbischer Gruß. Verlag Fritz Schlichtenmayer, Tübingen 1963.

Schwäbische Bescherung. Ein heiteres Weihnachtsbüchle. Silberburg-Verlag, Tübingen 2014.

Stöckle, Richard: Om Weihnachta rom. Konrad Theiss Verlag, Stuttgart 1992.

Troll, Thaddäus: Deutschland deine Schwaben. Hoffmann & Campe 1967.

Troll, Thaddäus: Preisend mit viel schönen Reden. Hoffmann & Campe 1972.

Veidt, Werner: Oh Anna Scheufele. Verlag Karl Knödler, Reutlingen 1978.

Wagner, Winfried: Mai lieaber Fraind. Die heiteren Briefe des Eugen Emberle. Verlag Karl Knödler, Reutlingen 1989.

Wagner, Winfried: Schwäbische Gschichta. Heitere und besinnliche Erlebnisse eines Schwaben. Verlag Karl Knödler, Reutlingen 2009.

Wohlfahrt, Franz: Koi Angscht, sait dr Engl. Forum einfach leben, Ostrach-Einhart.

Zwerenz, Petra: A bissle onderwegs. Schwäbische Ein- und Aussichten. Silberburg-Verlag, Tübingen 2002.

Tonträger

Häberle und Pfleiderer: Hundstagshitze und andere Sketche. Silberburg-Verlag, Tübingen 2016.
Kohlhepp, Bernd: Hämmerle Privat, Oh, Du Fröhliche. Mäule & Gosch 2013.
Nagel, Peter: Sebastian Blau. Original schwäbische Gedichte und die Arche Noah. Silberburg-Verlag 2016
Wagner, Winfried: Mai lieaber Fraind. Die heiteren Briefe des Eugen Emberle. Musik: Ulrich Pohl. Musekater Sound & Music 1997.
Zuckowski, Rolf: Winterkinder. Deutsche Grammophon 1987.

Abdruckgenehmigungen

Ludwig Hägele/Hans Müller: Kameltreiber bei de Hoilige Drei Kenig. Schwäbischer Verlag GmbH & Co. KG Drexler, Gessler, Ravensburg.
Udo Jürgens und Wolfgang Hofer: Merry Christmas Allerseits. © ARAN Productions AG. Mit freundlicher Genehmigung von BMG Rights Management GmbH.
Rolf Zuckowski: In der Weihnachtsbäckerei, aus der CD »Winterkinder«. Deutsche Grammophon 1987. Internationale Musikverlage Hans Sikorski GmbH & Co. KG, Hamburg.
Georg Ried: A Brief ans Christkindle, Allgäuer Weihnacht. Brack Verlag, Altusried 2010.

Herausgeber und Verlag danken allen Rechteinhabern für die Abdruckgenehmigungen. Im Besonderen danken wir für die persönliche Unterstützung: Christian Holder, Tübingen · Georg Ried, Markt Kaltental · Helmut Engisch, Oberndorf am Neckar · Jürg Gaebele, Rottenburg am Neckar, für seine Nachforschungen zum Titel »I wünsch dir s Chrischtkendle ens Herz«. · Prof. Dr. Hermann Bausinger, Tübingen, für seine Ausführungen zum Titel »I wünsch dir s Chrischtkendle ens Herz«. · Stadt Rottenburg am Neckar, Karlheinz Geppert, Kulturamt Rottenburg · Ulrich Pohl, Deggingen · Winfried Wagner, Freier Schriftsteller - Humorist - Schauspieler, Dettingen · Allen Autoren für ihre handgeschriebenen oder persönlich überlassenen Gedichte.